지금이 쌓여서
피어나는 인생

지금이 쌓여서
피어나는 인생

박용만 산문

마음산책

**지금이 쌓여서
피어나는 인생**

1판 1쇄 발행 2025년 7월 10일
1판 2쇄 발행 2025년 7월 20일

지은이   박용만
펴낸이   정은숙
펴낸곳   마음산책

담당편집   이하나
담당 디자인 오세라
담당 마케팅 권혁준·김은비
경영지원   박지혜

등록   2000년 7월 28일(제2000-000237호)
주소   (우 04043) 서울시 마포구 잔다리로3안길 20
전화   대표 362-1452   편집 362-1451   팩스 362-1455
홈페이지 www.maumsan.com
블로그   blog.naver.com/maumsanchaek
트위터   twitter.com/maumsanchaek
페이스북 facebook.com/maumsan
인스타그램 instagram.com/maumsanchaek
전자우편 maum@maumsan.com

ISBN   978-89-6090-938-0 03810

 * 책값은 뒤표지에 있습니다.

상처보다 치유를 생각하며
웃고 지나갈 수 있는 이유는
사랑이 바탕에 있기 때문일 거라 믿는다.

프롤로그

완전하지 않아 즐거운 삶

 나도 한때 그런 순간이 있었다. 돈 버는 일에 자신이 없어졌다. 체력에도 자신이 없었고 자유가 없는 삶을 얼마나 더 견딜 수 있을까 역시 자신이 없었다. 내가 지켜야 할 규범과 한계의 벽이 사방에서 나를 둘러쌌다. 그 한복판에 서서 '난 자유롭고 싶어'라고 소리를 질러대고 있었다. 이런 내 삶은 껍데기만의 삶이나 다름없다고 생각했다.

 그나마 가장 자유로울 수 있는 일이 무엇일까. 일을 하면서 정신적으로 육체적으로 자유로울 수 있고, 하고 싶으면 하고 하기 싫으면 멈추어도 괜찮은 일이 무엇일까 그 답을 찾으려 했다. 그리고 생각이 솟는 대로 나를 그대로 쏟아놓아 표현하며 할 수 있는 일은 무엇일까 고민했다.
 그러다 사진가나 작가의 삶을 살고 싶다는 생각이 들기 시작했다. 생각하면 할수록 사진을 찍거나 글을 쓰는 일이 꿈이 되어갔다. 그런데 경제가 문제였다. 난 가족의 생계를 감당할 만큼 훌륭한 작가가 되기는 어렵다는 생각이 들었다. 아니, 하고는 싶은데 자신이 없었다.

하긴 작가만 그런 것은 아니었다. 정말 하고는 싶은데 자신이 없는 일은 사진 찍고 글 쓰는 일 말고도 많았다. 한때 그래서 참 불안하고 참담했다. 내가 하고 싶은 일을 하며 살 자신이 사라져갔다. 그러면서 점차 현실적인 선택에 익숙해졌다. 사실 익숙해진 것은 아니었다. 세월이 흐르며 애써 눌러 마음속 주머니에 구겨 넣었을 뿐이다.

마음 주머니에서 뭘 찾느라 뒤적이다 보면 늘 구겨진 종이쪽처럼 그 생각의 쪼가리가 손에 잡혔다. 망각의 안개를 후후 불어가며 펼쳐보면 하고픈 일이 다시 펼쳐졌다. 그렇게 자유를 갈망하면서도 현실의 장벽 안에서 평생을 살고 나니 드디어 은퇴라는 해방의 문이 열렸다. 그래서 시작해보기로 했다. 늦었다고 할 수도, 이르다고 할 수도 있었지만 그건 중요하지 않았다. 내가 하고 싶은 일을 마음껏 한다는 환희가 다른 모든 것을 지워버렸다. 그래서 글을 써서 책도 내고 사진을 찍어 남에게 보이는 용기를 냈다. 그러고 나서야 마음의 자유를 얻었고 그 자유 속에 담긴 진실을 알았다. 이런 자유는 열심히 일하고 난 뒤의 보상으로 주어지는 것임을 깨달았다. 그 시간과 노력의 투자 없이 내 맘대로 즐기며 먹고살 수 있는 일은 원래부터 가능할 수 없는 일이었다.

돌아보면 모든 일이 그랬다. 한때는 내가 간절하게 원하는 것들이 정답인 것 같았다. 그러나 내 생각에 몰두해서 정답인 경우도 있지만, 몰두했기 때문에 오답에 이르는 일도 많았다. 실수조차도 값진 것이 삶이지만, 앞날에 또 다른 실수가 있을까 늘 미리 조심하고 앞서 좌절하는 것이 삶이다. 아직 결론이랍시고 뭘 제시할 만큼 오래 살지도 않았고 설사 그런 생각이 있더라도 단단히 자신할 만큼 현명하지도 않은 것이 거울 속의 내 모습이다.

그래도 그 이야기들을 풀어내 누군가와 공유하는 것은 그 자체로 즐겁고 은근히 든든한 일이다. 친구처럼 공감하는 사람들이 많으면 그만큼 내 삶이 든든해질 것이고 그렇지 않으면 더 깨닫고 배워야 할 숙제가 많은 것이니 어찌 됐든 과거보다 앞날을 더 바라보게 되는 것 아닐까.

두 번째 책을 낼 만큼 내 삶 속에 이야기가 남아 있을까 생각했지만 그 자체도 교만이었다. 완전하지 않고 모자라니 이야기가 더 많고, 아직도 앞날 바라보며 즐거운 상상을 멈추지 않으니 되돌아본 과거도 새롭게 이야기가 된다. 그래서 또 친구에게 늘어놓듯이 써 내려갈 수 있었다.

> 2025년 다시 뜨거운 여름에
> 박용만

차 례

프롤로그　완전하지 않아 즐거운 삶　7

1

당당한 사과　17
내일도 한 판 더　22
관점을 바꿔봐　25
바닥부터 뒤집는다　29
혼자 얻는 결실보다 큰 것　33
레일은 우리가 깔지 맙시다　36
어디까지 잘해야 하나　40
미안해서 그럽니다　46
뒷담화가 들려온다면　53
나는 그물이다　56
완주하지 않아도 괜찮다　59
미래가 나를 향해 다가오도록　62
거절하는 요령　65
분노의 재고관리　69
쓸모없는 인간이란 없다　72
숨을 못 쉬겠어요　75

행복의 노후대책　81
스트레스에 정답은 없지만　85
업무상 비밀　88
내일은 지옥으로 만들지 말자　93
내 사람은 누구일까　97
기회는 오늘에 있다　101
젊은이들의 세상　108
정치는 자기 목소리를 내는 것　111

2

조금만 더 알려고 하면　117
음식에 숨겨진 건　120
마음의 상처　123
반말 기도　125
배신과 용서　130
손해 볼 일이 없다　136
대화를 시작할 때　138
삶을 이어가던 방에서　141
절로 힘이 솟는 순간　145
신도 머리를 많이 쓴다　148
솔직히 말한다는 거짓말　150

평화가 스르르　155
주어진 시간 동안　157
좀 짜다 싶은 분　163
다음에 잘할 거지?　166
후회하지 않을 자신　168
돈으로 할 수 없는 것　172

3

그때 그랬지　177
누구에게 물어볼까　183
꼭 한 번만이라도　186
이상한 대화　193
호기심과 불확실성　197
사랑받고 있다는 감각　201
기억을 부르는 맛　205
사랑이 바탕에 있으면　210
완전한 성인이 되려면　213
친구가 돈을 꿔달라 하면　217
월요병 극복법　220
잔소리에 필요한 꼭 한 가지　227
잘난 척 대처법　232

행복의 연출가 235
쪽창으로 보이는 세상 241
웬만하면 웃는 삶이 좋다 243
기억이 사라지는 것도 신의 뜻 247

에필로그 **아무것도 부러워하지 마라** 250

1

당당한 사과

어릴 적부터 사과를 좋아했다. 연애 시절 사과를 깎아서 입에 하나씩 넣어주던 아내가 "오빠는 사과는 언제 줘도 항상 좋아하네" 했었다. 지금도 식전이든 식후든 아침저녁 한밤 가리지 않고 사과라면 두말없이 먹는다.

사과 좋아하는 것을 아는 지인들이 가끔 사과를 보내준다. 집에 들어서며 사과 상자를 보면 기분이 좋다. 가끔 화려한 박스에 내 얼굴 반만 한 사과를 받는다. 크기도 크기지만 색깔도 얼룩 없이 물감으로 그린 듯 반듯하고 게다가 포장이 궁중 하사품 같은 사과를 받으면 고맙긴 한데 왠지 불안하다. 맛이 외양을 따라가지 못할 것 같은 걱정이 앞선다. 반대로 투박하고 촌스러운 상자에 아무렇게나 담기고 사이즈도 색깔도 일정하지 않은데 당당함이 느껴지는 사과가 있다. 거의 90퍼센트 이상 이런 사과는 맛있다.

여름내 농부는 땀 흘려 사과를 기른다. 다 자란 사과들은 야속한 바람에 떨어져버리기도 한다. 그렇게 떨어져 상처가 나도 농부는 잘 알고 있다. 키우는 데 정성 쏟은 만큼 얼마나 달고 맛있는지. 겉에 난 상처가 안타까울 뿐이다. 그런데 사람들은 안에 담긴 농부의 정성과 상관없이 겉이 고운 흠 없는 사과에 값을 더 쳐준다. 나는 흠이 있어도 농부의 당당함이 느껴지는 사과를 최고로 친다.

사람도 그런 것 아닐까. 겉보기에 좋은 사람에게 더 후한 점수를 주고, 또 한편으로는 그렇게 선택받기 쉬운 모습을 갖추기 위해 애쓰고 있지 않을까. 상처가 한둘 있어도 기른 농부의 정성만큼 사과는 달고 꽉 차게 익는 법이듯 내 아이들도, 그리고 나 자신도 마찬가지겠지 싶다. 내가 바로 기르는 농부니까.

스펙이 모든 것을 결정하는 세상이다. 바로 이 스펙이 보기에 좋은 사과의 겉모습이라는 생각이 든다. 회사를 떠난 지금도 후회되는 일 중 하나가 입사 절차에서 스펙을 빼버리지 못한 일이다. 몇백을 뽑는데 만 명이 넘는 지원자가 몰리니 결국 서류 전형에서 스펙 위주로 1차 선별을 하게 된다. 이런 사정으로 변명할 수는 있겠지만 마음먹고 찾았으면 방법은 충분히 있었을 텐데 당연한 관행으로 여기고 바꾸지 못한 것이 지금도 마음에 아쉬움으로 남아 있다. 바꾸지 못하는 이유가 무엇일까 오래 고민했다. 결론은 그만큼 성실하게 가려낼 끈기와 참을성과 공정성을 제도에 녹여 넣지 못한 것이라 생각한다. 그러니 결국 내 무능이고 역량 부족 탓이다.

 돌아보면 나 자신도 마찬가지였다. 나 역시 젊었을 때 스펙을 쌓으려는 노력을 많이 했다. 그래서 미국 유학도 다녀왔다. 은행에도 처음엔 그곳에서 쭈욱 커리어를 쌓아가겠다는 생각으로 들어갔다. 결국 그만두고 떠났지만 잠시 일했던 은행에서의 경험이 그 후에 내게 꽤 괜찮은 스펙 중 하나가 되긴 했다. 하지만 세월 지나고 보니 정작 중요한 것은 내가 얼마나 내실이 괜찮은 사과로 영글었느냐 하는 것이었다. 우선 유학을 결심한 대로 갈 수 있었고 은행에 취업할 때도 당장 경제적 어려움이 없었으니 행운이었다. 그렇지만 그런 행운에도 남이 보기에 괜찮은 스펙을 갖추지 않으면 안 된다는 절박감이 있었다. 세월이 흐르고 경험이 쌓이면서 제대로 영글어 자신 있는 사과가 되지 않으면 스펙은 오히려 실망을 가중시킬 따름임을 알았다.

 남들이 나를 어떻게 보는지 혹은 어떻게 평가하는지와 상관없이 최소한 거울 앞에 섰을 때 나를 바라보며 당당하고 자신 있는 것은 내 속이 얼마나 잘 익은 사과인가에 달렸음을 깨닫는 데 참 오래 걸렸다. 그렇게 잘 기른 사과라는 자신감이 들면 남들의 평가로부터 조금 자유로워질 수 있고, 같은 일을 해도 대범하게 임할 수 있는데 그걸 참 늦게야 배웠다.

문제는 이렇게 내면의 충실함을 중요하게 생각한다고 해도 스펙 때문에 원천적으로 기회 자체가 차단되어버리는 안타까운 일이 생긴다는 것이다. 특히 일자리의 절대 수가 모자란 데다 기업의 선출 방식 탓에 젊은이들이 미래로 가는 통로에 스펙이 개찰구가 되어버린 느낌이다.

일하는 동안 매년 5천 명 안팎을 면접했고 그중 500에서 1천 명이 신입 사원이었다. 심층 면접과 프레젠테이션 등을 통해 한 명당 두 시간 이상 간부들이 면접을 하고 나서 통과된 지원자와 최종 면접이었다. 내가 하는 최종 면접은 열 명을 뽑기 위해 열한 명이 오는 정도였다. 내가 하기 이전에 치러지는 면접 프로세스에 대한 신뢰도 있었지만, 무엇보다 한 명당 5분 내외로 만나고 결정해야 하는데 내 선택에 자신이 없었다. 그 짧은 시간에 내가 심층 면접을 한 간부보다 무엇을 더 잘 판단할 수 있겠는가 싶었다. 그래도 가끔 내 선에서 거절을 하는 경우가 있긴 했다. 혹시라도 내가 어설프고 모자란 눈으로 그리했다면 지금이라도 사과를 드린다.

죽어라 스펙을 쌓아 대기업에 입사를 해도 1년 후 이직률

이 70퍼센트라는 잡코리아의 조사 결과가 있었다. 원인은 경력 관리도 있지만 기대와 다른 직장에서의 실망이 큰 이유일 것이다.

세상은 결국 자연스러운 흐름으로 변해가기 마련이다. 이렇게 스펙 쌓기의 문제와 기업이 제공하는 일자리에 대한 실망이 이어지다 보면 젊은이들이 다른 선택을 하는 추세가 자리를 잡을 것이 분명하다. 창업을 하든지 자영업을 하든지 아니면 진입이 상대적으로 용이한 비정규직으로 세상에 발을 내딛는 흐름이 더 강해질 수밖에 없다. 어떤 방향으로 흘러가든 변하지 않는 것은 내가 어떤 사과로 영글어가느냐는 것이다. 그리고 그 사과를 길러낸 농부인 내가 어떻게 평가하느냐가 제일 중요하다.

그래서 거울 볼 때마다 내게 묻는다.
"어이, 농부! 나는 당당한 사과야?"

내일도 한 판 더

"야, 남은 날 편히 살려면 뛰는 짓 하지 마라."
"갈수록 내리막길인데 뭘 이제부터 무리한 걸 시작해?"

내가 달리기를 시작한다고 하니 생각해준다고 하는 이런 말들을 많이 들었다. 내가 생각해도 살아온 날과 남은 날을 비교하면 남은 날이 훨씬 적다. 인생의 반이라고 생각하던 50부터 그랬다. 계산해볼 때마다 지나온 날은 늘어났고 남은 날은 아쉽게 적어졌다.

가지지 않은 것을 가진 척하는 것을 극도로 싫어한다. 어릴 때부터 그런 허세를 부리는 사람을 싫어하는 데다 아내도 똑같은 생각이라 갈수록 진짜 아니면 싫었다. 그러다 보니 시간도 마찬가지였다. 할 일 빨리 해치우고 남은 시간이 충분히 있어야 뭐든 마음이 편했다. 할 일 쌓아놓고 여유를 부린다면 사실은 시간이 없는데 허세 부리는 것이나 마찬가지다. 정작 해야 할 일들 하고 나면 시간이 남지 않거나 모자랄 테니 뭐든 주어지면 우선 해치우고 여유를 갖는 편이 좋았다. 심지어 밥상을 받으면 밥조차 목표가 되어 일단 정신없이 먹어치워버리고 나야 직성이 풀렸다.

그런데 나이만은 그렇지가 않았다. 남은 시간이 점점 아쉽다는 생각이 들기 시작했다. 뭘 어찌하든 여유가 없고 모자라게 느껴졌다. 그러던 어느 날 술 몇 잔을 하고 기분 좋게 취해 있는데 술이 바닥이 보였다. "야, 이거 몇 잔 안 남았네. 아껴가며 마시자" 하니 "하나 더 시키면 되지" 한다. 더 시키면 된다는 한마디에 몇 잔 안 남았다는 초조감이 사라지고 아껴 먹던 스피드도 빨라졌다. 결국 더 시키지는 않았지만 여유 있게 남은 술을 다 마셔버리게 됐다. 그리고 집에 오며 혼잣말을 했다.

"하긴 인생도 다 떨어지면 한 판 더 시킨다고 생각하지 뭐."

그날 그 일이 있고 나서는 나이 먹어가는 것도 시간이 많이 남지 않은 것도 괜찮았다.

매일이 또 다른 오늘이고, 내일의 전날이었다. 현재를 늘 성실히 대하면 '내가 이 나이에……' 또는 '젊을 때 할걸……' 이런 생각이 없어졌다. 원래도 뒤를 안 돌아보는 성격이긴 하지만 나이 먹는 초조감을 버렸다고 해야 하나.

주변 사람들이 뭐라 하거나 불안한 표정으로 쳐다봐도 개의치 않고 이제부터 뛰어보겠다고 나서는 것도 자연스러 웠다. 시간이 모자라면 어떻고 내 체력이 내리막길이면 어 떠리. 심지어 그런 생각조차 없다. 오늘 하고 싶으면 그냥 시작하면 되는 일이다.

그래서 젊은이들을 만날 때마다 오늘이 왜 중요한지, 현재가 얼마나 값진 것인지 이야기한다. 이미 늦었나? 얼마 안 남았는데……. 혹은 남들은 벌써 저기까지 갔는데……. 이런 생각들이 정말 부질없음을 설명하려 애쓴다.

과거는 돌아가 바꿀 수 없고 미래는 미리 가볼 수 없다. 내가 저지른 과거의 실수를 아무리 후회한들 고칠 수는 없 는 일이다. 미래가 아무리 불확실하고 걱정이 된다고 해도 미리 가보고 준비할 수도 없는 노릇이다.

후회가 되거나 앞날이 불안할수록 까짓것 내일을 하나 더 주문한 셈 치면 된다. 오늘부터는 불안해하지 말고 할 일 하며 살자고 생각하면 그만이다. 내일이 모자라면 오늘부터 내일을 새로 만들면 되는 일이고, 어제를 너무 지나쳐 보냈 다면 그 역시 오늘을 살아 보충하면 될 일이라 생각하는 것 이 삶을 여유 있게 사는 지혜 아닐까.

관점을 바꿔봐

친구 셋이 여행을 갔다. 그런데 그중 하나가 유독 아침 잠버릇이 나쁘다. 계획대로 움직여야 하는데 도무지 일어나질 않는다. 아무리 깨워도 "응" 소리 한마디 하고는 도로 잔다. 심지어 계속 깨우니 "아, 나 좀 냅두라니까!" 성질까지 부린다. 깨우던 친구도 포기하고 돌아서며 화가 어지간히 났다.
"아, 나! 저놈 땜에 여행 못 하겠네. 발로 차버릴까?"

지켜보다 설득을 했다.
"잘 생각해봐. 그냥 네 생각의 관점을 바꿔봐. 그럼 괜찮을 거야."
"무슨 소리야? 성질나 죽겠는데 뭐가 괜찮아져?"
"그냥 쟤는 기본이 자고 있는 거라 생각해봐. 보통은 종일 일어나 활동하다 밤에 자는 거잖아. 그 관점을 바꿔봐."
"뭐라는 거야?"

"그러니까 쟤는 자는 것이 기본이고 필요할 때만 일어난다 생각해. 그럼 저놈이 하는 짓거리도 봐줄 만해. 정말 필요할 때는 꼭 일어나잖아. 보통이 아니야. 심지어 가끔 걱정도 돼. 하루의 70퍼센트나 일어나 있으니 큰일이잖아?"
"푸하하, 말 같지도 않은……."
"얼마나 열심히 잤으면 힘들어 일어나지도 못하잖아. 참 성실하기도 하지."
둘이 웃고 끝이 났다.

부부 싸움 하면 부인들이 남편 이야기를 하며 정말 인간도 아닌 사람과 사는 것처럼 말을 한다. 그럼 내가 거든다.
"인간 이하 같아요? 그럼 차제에 관점을 바꿔보세요."
"어떻게요?"
"짐승이라고 생각해보세요. 그럼 아침부터 기특할 거예요."
"아니, 왜요?"
"짐승이 일어나자마자 화장실을 알아서 찾아가고 물까지 내리잖아요."

한창 술자리가 무르익어 신이 났는데 주는 잔을 거부하는 놈이 있다.
"나 오늘 검진 결과를 받았는데 의사 선생이 술 좀 줄이래."

"아, 그래? 걱정돼서 안 마시는 거야? 검진 결과 전화로 받았어?"

"응, 오후에 전화로."

"자, 그럼 나를 따라 생각해봐. 넌 오늘 아침에 핸드폰을 택시에 두고 내렸어. 그리고 간신히 수배를 해서 찾았는데 내일 만나서 받기로 했어. 이 상황 상상이 돼? 충분히 그럴 수 있지?"

"그렇지. 그럴 수 있지. 그래서?"

"그래서 넌 그 전화를 못 받은 거야. 그리고 내일 전화를 해서 그 결과를 듣는 거야. 그럴 수도 있지?"

"그렇지. 맞네. 그러니까 마음이 편하다. 야, 한잔 줘봐."

정말 수없이 써먹었다.

이 논리를 쓸 때마다 참 많이 웃었다. 그런데 농담뿐 아니라 실제로 관점을 바꾸는 일은 살아가는 데 꽤 요긴하다.

얼마 전 작은 수술을 했다. 퇴원을 하고 회복 중인데 날짜를 보니 내가 함께하고 있는 재단법인 '같이 걷는 길'에서 독거노인들에게 반찬을 배달해드리는 월요일이다. 약에 취해 어지럽긴 하지만 그냥 누워만 있을 수가 없어 달려가니 "아, 우리가 알아서 잘해요. 뭐 하러 오셨어요?" 한다. 마음으로는 고맙고 안심이 되지만 입에서는 표현이 거꾸로 나간다. "음식 괴상하게 만들어놓을까 봐 왔지."

잠시 서 있으니 어지러워 힘이 든다. 할 수 없이 20분 만에 돌아오는데 그래도 그렇게 다녀오니 참 좋았다. 그런데 소식을 들은 친한 동생이 메신저로 힐난을 한다.

"주방에 가셨다며? 오늘은 그냥 쉬지 왜 갔어? 이야기 들으니 화가 나네."

"야! 관점을 좀 바꿔서 건너편에서 보도록 해봐."

"무슨 소리야?"

"'몸은 불편하지만 잠깐이라도 다녀올 수 있었으니 좋네' 이렇게 말해봐."

기가 막힌다는 듯이 듣더니 "노력해볼게" 한다.

우리는 뭐든 자기 논리로 생각하려 한다. 그런데 조금만 관점을 바꾸고 다시 보면 참으로 많은 일이 이렇게 편안해진다.

바닥부터 뒤집는다

젊어서는 테니스를 칠 때 그랬고 지금은 골프를 칠 때마다 쉽지 않은 순간이 있다. 같이 하는 사람이 내기를 하자고 할 때다.

"내기합시다."
"그냥 하죠, 즐겁게."
"아니, 부담 없이 싸게 합시다. 내기를 해야 조금 긴장도 되고 재미있잖아요."

이럴 때 사실 속마음은 "아뇨, 전 싫은데요. 내기를 하지 않아야 더 즐거운데요" 한마디 솔직하게 해버리고 싶다. 사실 이런 내기뿐이 아니라 모든 돈 걸기가 재미없다. 고스톱, 포커, 마작은 물론이고 하다못해 게임이나 취미 생활에도 내기가 걸리면 바로 흥미를 잃는다. 내기가 주는 긴장이 싫은 탓이다. 져도 그만이라고 생각하면 되지 않느냐고들 하지만 꼭 이기고 지는 승패와 상관없이 내기 자체가 만들어내는 분위기가 그다지 편안하지 않다. 젊어서도 누가 굳이 내기를 하자고 하면 그냥 졌다 하고 줘버리는 편이 마음이 편했다.

나는 사실 이렇듯 경쟁에 소질이 없다. 더 나은 결과를 얻겠다고 불굴의 투지를 불태우며 이를 악물고 목표에 매진하는 것도 그다지 체질에 맞지 않는다.
이러다 보니 일도 마찬가지였다. 시장에서 벌어지는 치열한 점유율 경쟁에 익숙지 않았다. 그보다는 내 아이디어나 새로운 시도로 새 길을 찾아가는 것이 편했고, 그렇게 할 때 더 큰 업적을 낼 수 있었다. 그래서 새 기업을 인수하고 새로운 제도를 만들고 남들이 하지 않은 시도를 할 때 에너지가 폭발하곤 했다. 같은 시장, 같은 경쟁자와 매일 박 터지는 경쟁을 하게 되면 어릴 적 버릇처럼 이내 흥미를 잃어버렸다. 그러니 그런 사업에는 아주 젬병인 인간이다.

끊임없이 기존의 틀을 벗어나 아이디어를 찾는 일에 흥미를 가지고 있다고 하면 조금 더 멋진 표현이긴 하지만, 그렇게까지 이야기할 일은 아니었다. 뭐든 새로운 것을 해서 결과를 내는 일만 팠으니 그런 고민의 결과로 좋은 아이디어가 나오면 좋지만 상당수의 경우에는 경쟁에 허덕이기만 했다. 싫은 일을 억지로 하니까 당연한 결과다.

나만 그런 것은 아니고 나 같은 유형의 사람들이 있다. 일에 따라 몰입하는 에너지의 차이가 하늘과 땅을 오가는 것이다. 대상과 타이밍이 잘 맞으면 폭발하듯 에너지가 분출하여 일이 이루어지고, 반복해서 정확히 해야 할 일을 만나면 이내 던져버리고 떠난다. 자신이 어떤 유형의 사람인가를 한번 차분히 생각해보는 것은 꼭 필요하다. 자신이 그렇다는 것을 모르거나 인정하지 않으면, 관심이 없어 대충 해버린 일에서 문제가 터지기 쉽다. 설사 그렇게까지는 아니더라도 반복적인 일을 하다 보면 남보다 더 스트레스받고 심지어 삶이 이런 것일까 당찮은 고민까지 해가며 밤을 새우기 십상이다.

내 성향과 무관하게 사업은 끊임없이 경쟁하기를 요구한다. 변명 같지만 내가 늘 추구하던 방식을 믿었다. 경쟁 자체를 무의미하게 만드는 노력을 많이 하면 경쟁이 조금은 쉬워진다고 생각했다.

사업이 아닌 사람과의 경쟁도 그랬다. 가능하면 판을 바꾸는 노력을 하는 것이 마음이 덜 불편했다. 나는 벌어진 판을 그대로 두고 그 위에서 상대만 노려보며 하는 경쟁에는 소질도 없고 감정적으로 버거워서 제대로 해내지 못한다. 그래서 내게 경쟁에 관해 조언을 구하는 친구가 있으면 바닥판부터 뒤집을 거리가 뭐 없나 찾아본다.

　나 같은 경영자는 도 아니면 모다. 주변의 평가도 늘 그런 식이었다. 한쪽에서는 나에게 전례 없는 일을 했다고 하지만 다른 한편에서는 그에 동반하는 리스크를 이야기했다. 그러니 사실 내가 그렇게 뛰어나고 좋은 경영자는 아니라고 인정할 수밖에 없다. 곁에서 보기에 시원시원하고 대담해 보일 수도 있지만, 조마조마하게 바라볼 수도 있을 법하다. 문제는 이런 성향의 내 방식이 나 개인의 일에서 일어나는 것이 아니란 점이었다. 사업은 내가 편한 방식으로만 할 수는 없다. 천만다행이었던 것은 나와 같이 일하는 동료들이 좋은 사람들이었다. 내게 "턱도 없는 말씀하지 마세요"라고 대놓고 무안도 주고, 안 되는 것은 안 된다고 분명히 말해주는 동료들이 있었다. 그 사람들 덕분에 치명적일 수도 있는 약점을 다스릴 수 있었다.

　심지어 회사를 떠난 이후에도 누구는 뭘 했고 누구는 어떻게 하고 있고 수없이 예를 들며 사람들이 내게 은근히 은퇴 후의 모습을 놓고 경쟁하길 부추기면 나는 관심의 문을 아예 닫아버렸다. 단지 누군가에게 도움이 되는 따뜻한 삶이 좋고, 무엇이든 호기심을 자극하는 새로운 것에만 마음이 간다.

혼자 얻는 결실보다 큰 것

햇감자가 나왔길래 감자샐러드를 만들기로 했다. 아내가 감자는 자기가 깎아준대서 곁에 서서 지켜보다가 물었다.

"오이랑 양파가 필요한데 집에 있나?"
"있지."
"어디 있어?"
"왜?"

어디 있냐고 물으면 예를 들어 냉장고 서랍 안이라든지 부엌 뒤쪽에 내놓았다든지 단답을 하면 되는데 '왜?'라고 반문하는 것은 조짐이 나쁘다. 심기가 불편하다는 표현이다. 바로 이어서 일갈이 날아온다.

"아, 좀 기다리면 안 돼? 지금 감자 깎잖아. 깎고 나서 찾아줄 텐데 왜 난리야."
 "아니 그게 아니라 깎는 동안에 난⋯⋯."
 "왜 그렇게 매사에 급해?"

 댓바람에 야단을 맞고 나니 나도 심통이 솟는다. 감자 깎는 동안에 나는 오이와 양파를 썰어놓으면 훨씬 일이 빨라지는데 어디 있냐고 물었다가 혼났다.

 직렬의 사고를 가진 사람이 있고 병렬의 사고를 가진 사람이 있다. 나는 멀티태스킹이라고 해야 하나? 동시에 여러 가지를 해야 직성이 풀린다. 그게 효율적이고 생산적이라 생각한다. 아내는 하나씩 정확하게 처리하고 가야 편안한 사람이다.

 일을 할 때도 이런 갈등이 자주 생긴다. 병렬의 사고에서 보면 자신의 방식은 효율적인 멀티태스킹이고 직렬의 사고는 답답하기 짝이 없다. 느리고 답답하다. 괜한 시간 허비 같고 심지어 머리가 나쁘다고까지 생각한다. 반대쪽 직렬의 사고에서 보면 상대가 서두르고 급하며 위험하게 일을 벌이는 것 같다.

 그런데 이런 갈등을 두고 서로 비난하면 양쪽 다 옳지 않다. 서로 다름을 자세히 보면 그리 다투고 갈등을 빚을 일도 아니다. 멀티로 할 일은 설명하고 설득해서 동시에 하면 되고, 또 아닌 일은 기다려가며 확인하고 신중히 하나씩 순서대로 하면 된다.

병렬의 사고를 가진 사람은 정확성과 안정성보다 속도 있게 처리하는 일에 뛰어나다. 직렬의 사고를 가진 사람은 정확하고 신중하게 처리해야 하는 일에 뛰어나다. 이렇게 보면 어느 쪽도 다른 쪽보다 우월하지 않고 어느 쪽도 상대를 향한 비난을 정당화할 수 없다.

나만 옳다고 생각하는 성급함은 상대를 제대로 보지 못하게 막는다. 상대를 잘 보면 그 속에 나도 보이는 법이다. 상대와 의견이 다를 때 나는 옳고 상대는 그르다고 생각하는 것으로는 이 세상 대부분의 일이 해결되지 않는다. 왜냐면 옳고 그른 것이 아니라 다른 것이기 때문이다. 다름을 인정할 줄 모르고 다른 것을 볼 줄 모르면 그 시작 자체가 잘못된 시작일 수밖에 없다.

의견이나 방식이 다른 사람과 일을 같이 하면 불편하다. 하지만 그럴 때일수록 마음을 백지처럼 비우고 호기심으로 상대를 관찰하고 경청하는 노력을 하는 것이 내 일을 편하게 하는 지름길이다. 협업의 결실이 혼자 얻는 결실보다 큰 것은 역사 속에 증명된 사실이다.

레일은 우리가 깔지 맙시다

 개인차가 있지만 왜 우리는 세대에 따라 세상을 바라보는 눈과 인생을 살아가는 생각이 이렇게 다를까 늘 궁금하고 안타까웠다.
 규범 하나만 보아도 세대차가 극명하다. 젊은이들이 운집한 엘리베이터 앞은 시키지 않아도 줄 서서 차례를 기다린다. 우리 세대가 많이 가는 곳은 아직도 몰려들어 밀치고 들어가는 일이 빈번하고 내리기도 전에 들어오는 경우가 보통이다. 누가 더 선진적이며 규범 안에서 살아가는가 한눈에 보인다.

 그런데도 나이 든 사람들은 요즘 젊은이들이 나약하고 소비지향적이며 세상을 모른다고 한다. 문신을 하고 머리색이 요란하다는 표현 방식 하나를 보고는 방종하며 제멋대로라고 판단해버린다. 하면 된다는 일념으로 무장하고 무데

뽀 정신을 무기로 삼아 물불 안 가리고 고생을 낙으로 여기며 뛰어야 하는데 요즘 젊은이들은 그렇지 못하다고 한탄을 한다.

그럴 때마다 나는 입바른 소리를 한다. 풍요롭고 선택지가 많은 환경에서 자란 젊은이들이 그 기반 위에서 과학적이고 합리적으로 살겠다는데 왜 자꾸 옛날 방식으로 끌어내리려 하느냐고 묻는다.

정신 무장을 해야 한다고? 내 생각에는 정신 무장을 할 시간에 지식 무장을 더 해야 한다. 요즘 젊은이는 다른 선진국의 아이들과 간극이 없다. 언어도 능통하고 생각도 삶의 방식도 차이가 없다. 살아가는 환경도 차이가 별로 없다. 먹는 것, 입는 것, 사는 것에서 차이가 없으니 문화도 사고도 차이가 없다. K-pop과 K-culture의 세계적 성공도 이런 동질성을 바탕으로 가능했다고 생각한다.

"젊은 세대를 위해서 레일 놓아주는 역할을 해야……." 이런 말 들으면 몸서리를 친다. "그 레일 우리가 깔면 애들 폭망해요"라고 해버린다.

우리 세대는 지긋지긋한 가난에서 벗어나 자식들에게 풍요를 주는 것이 삶의 목표였다. 그래서 죽어라 뛰었고, 줄 서서 기다리는 것은 기회의 박탈을 의미했다. 그렇게 살며 노력한 결과, 풍요를 줄 수 있게 됐다. 그럼 된 거다. 그게 삶의 목표였고 그걸 이루었으면 됐다. 나 때는 이렇게 고생했다고 넋두리할 필요도 없고 너희는 호강이라고 생색도 내지 말아야 한다.

내가 더 아는 것 같지만 다가올 세상에 관해서는 그렇지 않다. 지금의 젊은이는 어려서부터 스마트폰과 인터넷 바다에서 자랐고 디지털 기기나 디지털적인 방식이 삶의 일부다. 앞으로는 그 때문에 지식의 공유나 운용도 전혀 달라질 세상이 온다. 그런데 허구한 날 스마트폰 들고 아이에게 "야, 이거 어떻게 하는 거냐?" 물어대는 것이 우리 세대다. "난 그런 기계는 도대체 불편해." 이런 무지의 언사를 자랑처럼 하는 우리 세대가 젊은이들이 살아갈 앞으로의 세상에 관해 무엇을 안단 말인가? 늘 하는 이야기지만 젊은이에게 더 빨리 세상을 맡겨야 그 덕에 우리 세대도 편해질 것이라 믿는다. 이제 더 이상 젊은이들이 문제이며 우리가 해결책이라고 하지 말아야 한다. 우리가 문제고, 그들이 해결책이다.

나이 먹는 건 특별한 역량이 아니다. 존경받을 업적도 아니다. 아무것도 안 하고 생명만 유지하면 되는 일이다. 심지어 풀도 나이 먹고 미생물도 나이 먹는다.
내 자신을 돌아보니 마찬가지다. 노인은 누구나 되는 경지다. 나도 노인 되어가는데 그렇게 되기 위해 노력한 것이라곤 아무것도 없다. 그러니 한 살이라도 더 먹은 것이 의미 있고, 후배들 보기 뭔가 괜찮으려면 좋은 어른이 되기 위해 노력해야 한다. 더 솔선하고, 나를 더 낮추고, 상대를 더 평등하게 대하고, 더 참아야 한다. 그래야 어른이고 그래야 나이 먹은 의미가 있다. 아직 젊어서 와닿지 않는 이야기라고? 지금부터 노력하지 않으면 누구에게나 공짜인 노인 타이틀만 남기 십상이다.

어디까지 잘해야 하나

"그러려니 하지만 섭섭하다."

 상대를 이해하는 것과 그로부터 내가 느끼는 감정은 다른 것이다. 상대를 이해하는 것은 평가 없이 사실을 관찰하는 데서 가능해지고, 내 감정은 나의 욕구에서 비롯되기 때문이다. 예를 들면 상대가 정신없이 바쁘게 이리 뛰고 저리 뛰고 하는 모습을 보면 "아, 바쁘구나" 이해를 한다. 하지만 그럼에도 교감과 소통의 욕구가 채워지지 않은 관찰자 입장에서는 연락이 없는 상대방이 서운한 법이다.

 친구와 그 자리에 없는 다른 친구 이야기를 했다. 매일 친구들에게 몇 번씩 전화를 하는 녀석이었다. 성가실 정도로 연락을 하니 귀찮아 죽겠다고 내게 토로한다. 똑같이 여러 번 전화를 받았지만 나는 그다지 불편하질 않다.

"아니, 나는 재미있고 좋은데 뭘."

"아냐, 잘 생각해봐. 그 정도 되면 프라이버시 침해야."

똑같이 전화를 하는데 한 친구는 귀찮고 나는 반갑다. 그렇다면 둘에게 똑같이 전화를 한 친구가 잘못한 것일까? 소통과 교감의 욕구가 큰 나는 그 전화가 반갑고 재미있지만, 평화의 욕구가 큰 친구는 잦은 전화가 불편하다.

감정을 표현하기에 앞서 내 감정에 대한 책임은 나에게 있음을 알아차리는 것이 비폭력적인 대화의 방식이며 상호 연결을 가능케 해주는 소통의 방식이다. 이것은 내가 깨우친 것은 아니고 '연결의 대화'라는 교육에서 배운 것이다.

대화가 내 평가와 감정을 앞세우는 폭력적인 방식이 되면 소통은 힘들어진다. 정말 팩트가 무엇인지 알고자 하지조차 않은 채 내가 익숙해져 있는 프레임에 비추어 평가부터 하는 일이 흔하다. 그런데 그것은 비록 내가 의식하지 못하고 했더라도 결과적으로는 명백히 의도적인 실수다. 불행히도 이 세상은 자기 프레임에 맞춰 평가부터 하는 사람들이 더 많아 보인다. 평가부터 하고 내뱉는 폭력적인 소통 방식에 익숙해 있다. 게다가 그런 폭력적인 소통 방식에 더해서 감정을 실어 앞세우는 데도 주저함이 없다. 제대로 된 소통은 어렵고 폭력적인 감정을 주고받으며 서로 이기려고만 하는 대화 방식이 만연하다.

자기 욕구를 들여다볼 수 있게 되면 자신의 감정에 대해 책임을 지는 일이 조금씩 덜 어려워진다. 다시 말하면 그만큼 자신의 감정 처리에 성숙해져서 충돌 없이 비폭력적인 대화를 할 수 있게 된다.

이렇게 되면 사람 대하는 일이 그나마 평화로워져 감정적인 고문에서 벗어난다고 하지만 그래도 어려운 것이 사람과의 관계다.

기대와 다르게 행동하는 상대는 나를 끊임없이 궁지로 몰아넣는다. 아무리 내가 비폭력적으로 대화를 하고 감정을 다스려도 그와 무관하게 나를 괴롭히는 사람에게는 답이 없다. 그러다 보면 '어디까지 해야 하나?'라는 의문이 이어진다.

이 물음은 아무리 세상을 살아도 쉽게 답을 내릴 수 없는 질문이다. 열 번 잘해도 한 번 잘못하면 다 없던 일이나 마찬가지가 되어버리는 것이 사람 사이의 관계다.

그럼 다 잘하면? 항상 모든 사람에게 잘해서 모두로부터 사랑받을 확률은 거의 없다. 그런데도 늘 모든 사람을 만족시키려 애쓰다 보면 결국 자신은 자신대로 탈진하고 제대로 되는 일은 하나도 없게 되는 법이다.

남의 평가에 너무 매달려 살다 보면 이렇게 모든 사람에게 좋은 평가를 받으려 애쓰는 모습을 발견한다. 나도 이 함정에 빠져 꽤 오랜 시간을 덧없이 애썼다. 남의 평가로부터 어느 정도 자유로워지면 잘해야 할 사람, 그렇지 않은 사람이 구분되기 시작한다. 아무에게도 나쁜 인상 안 주려고 노력하던 시절을 생각하면 왠지 억울하고 그 시간들이 아깝다.

어느 때부터인가 모두를 만족시키기란 불가능하다는 것을 깨달았다. 그러자 누구에게도 인심을 잃지 않고 좋은 평가를 받으려 애쓰는 나 자신이 한심해 보였다. 평가에 상관없이 할 말은 하고 옳고 그름을 분명히 구분해서 대처하는 것이 존중받는 길인데, 남의 시선만 지나치게 생각했다. 결국 내가 나를 하찮은 사람으로 만드는 것이었다. 내가 나를 하찮게 보는데 남이 나를 잘 볼 리는 만무한 일이다.

자신에게 유리한가 불리한가에 따라 그른 것도 옳다고 하고 옳은 것도 그른 것으로 만들어가는 사람들이 있다. 더구나 그런 사람들 여럿이 뜻이 맞아 움직이면 그들을 상대로 옳은 것을 옳다고 강변하기가 쉽지 않아진다. "우리가 남이가?"라는 논리로 다수의 이익과 같은 입장을 취하기를 강요해 올 때는 특히 그렇다. 뻔히 욕먹을 줄 알면서 "아냐, 난 그렇게 못 하겠어" 혹은 "아냐, 난 그렇게 생각하지 않아"라고 말하기란 쉽지 않다. 집단을 따르자니 옳지 않다는 생각에 주저되고, 그렇다고 나는 생각이 다르다며 혼자만의 길을 가자니 인간관계를 생각해야 하는 선택의 기로에 섰을 때 참 힘이 든다.

 독버섯처럼 나를 위협하던 사람이 더 이상 나를 자기 맘대로 어찌할 수 없음을 알게 되니 그다음에 하는 짓이 참으로 나빴다. 내 주변 사람들의 눈과 귀를 오염시켜 나에 대한 평가를 나쁘게 만들어가는 것이었다. 일일이 '나 아니야'라고 해명할 수도 없고 가만있자니 속이 끓는다. 그렇게 속을 끓이고 있는 동안에 악의를 가진 독버섯은 점점 더 독을 퍼뜨린다.

 하지만 그 말을 듣는 모두의 나에 대한 평가는 그 사람들 마음속에서 일어나는 것이다. 내가 쉽게 바꾸어놓을 방법은 없다. 마찬가지로 그들의 시선을 오염시키려 애쓰는 그 독버섯 같은 사람도 나에 대한 평가를 쉽게 바꾸어놓을 수는 없는 일이다. 과정이 불편하고 억울하고 분하지만 그 사람들도 언젠가 하나의 진실을 보겠지 믿고 기다리기로 결심을 했다. 그리고 당장 돌아오는 나에 대한 오해는 내가 져야 할 십자가라고 생각했다. 결국 그 독버섯은 의도적인 거짓말들까지 알려지게 되어 주변 모든 사람들로부터 버림을 받고 말았다. 이제야 이렇게 이야기하지만 그때는 정말 힘들었다. 그리고 지금은 그때 해명하고 설명하느라 애쓰지 않은 것이 오히려 내 진실이 알려지는 데 훨씬 큰 무게를 더했다는 것도 알게 됐다.

이렇듯 인간관계가 힘이 드니 차라리 누구에게도 정을 안 주고 대충 대하면? 이건 답이 아니다. 인간은 혼자 살 수 없는 동물이기 때문이다. 견디기 어렵더라도 내가 져야 하는 십자가라면 지겠다는 마음을 먹으면 의외로 나 자신이 귀하게 여겨지고 옳고 그름을 구분하는 일이 편해진다.

미안해서 그럽니다

 첫 번째 책을 내고 나서 북 토크를 여러 번 했다. 북 토크를 하면서 적잖이 놀라고 마음이 아팠다. "저는 과연 집을 살 수 있을까요?"라는 질문에서부터 시작하여 "아이를 낳을 수가 없어요"라는 한탄에 이르기까지 젊은이들의 절망과 좌절에 참으로 안타까웠다. 미안함과 걱정에 그 생각만 하면 한숨부터 나왔다. 하지만 들어서 알고 있다고 다음번 북 토크가 쉬워지지도 않았다. 젊은이들과 마주 앉으면 또다시 좌절과 미래에 대한 끝없는 불안이 그대로 전해져왔다.

 이야기를 나누는 횟수가 늘어날수록 그동안 어른들이 해왔던 이야기가 참으로 부끄러워지기 시작했다. 실패를 통해 배우는 것이니 두려워 말고 도전하라고들 했다. 그런데 실패를 통해 배우는 것은 실패를 여러 번 반복해도 배우는 기회라고 여길 수 있을 때 가능한 일이다. 그래야만 끝까지 도전하라고 할 수 있는 것이겠지 싶다.

한번 실패하면 끝장이라고 생각하는 젊은이에게 실패도 배움이니 도전하라고 하면 말이 안 되는 위로이며 들어도 힘이 나지 않는 격려일 뿐이다. 물론 한번 실패로 전부를 잃는 것이 이 사회의 일반적인 룰은 아님을 안다. 심각한 문제는 젊은이들의 위기의식이 거기에까지 이르렀다는 것이다. 그리고 그런 위기의식을 만든 것은 젊은이들이 아니라 우리 어른들이다. 우리가 젊은이들이 그렇게 궁지에 몰린 듯 느끼도록 만든 것이다.

그러니 반성할 수밖에 없다. 그리고 참으로 미안하다. 우리는 우리가 이룬 것들을 자랑하기에 바빴고 우리가 이룬 방식이 옳다고 우겼다. 그 고집 안에는 내가 가진 기득권을 지키고자 하는 욕심이 있었음도 부정할 수 없다. 심지어 우리 방식에 미래까지 통용되는 길이 있다고 고집하기도 했다. 그러나 사실 미래를 위한 새로운 시도는 불안했고 가능성보다는 문제점이 먼저 머리에 떠올랐다. 그러다 보니 법과 규제는 날이 갈수록 문제의 발생 가능성을 없애는 데 집중했고, 미래를 위한 도전의 기회를 열어주는 일을 불안한 선택으로 만들어갔다.

결국 우리가 일군 성공은 우리 세대로 끝나버리는 결과

에 이르렀다. 우리가 세상을 더 알고 우리는 더 현명하다고 생각하는 것 자체가 오만이다. 다가올 세상을 우리는 전혀 알지 못한다.

정작 도전하지 않는 것은 우리 세대다. 우리 세대가 해야 할 도전은 젊은이들을 믿고 그들이 원하는 대로 가능성을 열어주는 것이다. 우리가 세상을 살아온 경험으로 보면 불안하기 짝이 없는 일이 허다하겠지만 그래도 젊은이에게 맡기는 것만이 우리 세대가 마지막으로 해야 할 도전이다. 우리는 그 도전을 하지 않으며 젊은이들에게 도전 정신을 이야기하는 것은 코미디일 뿐이다. 그래서 이제는 말한다. "정작 도전하지 않는 것은 우리들이야. 우리 어른들이라고."

샌드박스 제도를 포함해서 젊은이들이 창업하고 일을 하게끔 돕는 일에 허구한 날 매달려 있으니 왜 그렇게 그 일에 매달려 있냐고 내게 질문을 한다. 그때마다 내가 겪은 에피소드들을 이야기한다.

대한상공회의소 회장 시절, 법 때문에 애를 먹고 있는 어느 젊은 친구들을 돕기로 했다. 새로운 아이디어를 갖고 사업을 시작했는데 비즈니스모델이 괜찮고 나름 사회에 긍정적 역할이 있어서 주위에서도 인정해주고 격려해줬다. 그런데 관련 법이 미비해서 사업을 제대로 키울 수가 없었다. 이야기를 듣고 나도 돕기로 했다. 사업에 몰두하고 일을 해야 하는 젊은이들이 정부와 국회에 찾아가 호소하는 데 시간을 쓰는 것이 안쓰러웠기 때문이다.

행정부의 관련 부처에서는 이미 국회에 법안이 발의가 됐으니 그 추이를 보는 게 순서라고 한다. 관련 법안은 여야 간에 이견도 없다고 한다. 여야 모두 긍정적으로 청년들에게 답을 줬다. 그런데 그렇게 됐다고 끝이 아니었다. 희망을 품은 젊은이들은 그때부터 두 해 가까이 희망 고문에 시달려야 했다.

법안의 통과는 그걸로 되는 게 아니었다. 정치 환경은 정당들 간의 대립으로 이어졌고 그 결과 법안은 해당 위원회 의결은 고사하고 위원회 내의 법안 소위에도 못 올라갔다. 우여곡절 끝에 간신히 국회가 열려 소위에 올라가니 의원 간의 입장 차이가 기다리고 있다. 어느 의원이더라도 자신이 발의한 법안을 우선시하고 싶은 것은 당연한 이치다. 그러니 법안의 논의 순서와 통과에 영향을 미칠 수밖에 없다.

구체적인 사안의 모든 것을 밝힐 수는 없지만 내가 돕던 건들 중 하나에서 있었던 일이다. 법안 내용에 정당 간 이견이 없다고 하니 희망적이었다. 그런데 관련 소위에서 또 통과가 안 된다고 한다. 국회로 달려가 자초지종을 들어보니 양당의 관심 법안들이 따로 있는데 이것들에 대한 동의가 안 되었으니 내가 밀던 법안도 동의를 못 한다는 것이다.

 양쪽을 번갈아 만나며 설득을 해서 겨우 동의를 구했는데 본회의가 이틀밖에 남지 않았다. 어떻게 해서라도 위원회를 통과해서 법사위에 가야 하는데 의결이 안 이루어지고 있었다. 설득하던 의원에게 연락하니 자기 말고 또 다른 의원을 설득해달라고 한다. 하루 남은 마지막 날인데 시간이 밤 10시를 훨씬 넘었다. 설득을 해야 할 사람이 다행히 안면 있는 의원이다. 염치 불구하고 그 늦은 시간에 전화를 했다.

 "안녕하세요, 박용만입니다."
 "아니 이 시간에 웬일이세요."
 "제가 꼭 드릴 말씀이 있어 전화드렸습니다……. 일전에 상의드렸던 법안, 제발 내일 통과되게 도와주세요."
 "남은 시간이……."
 "안 돼요. 꼭 내일 부탁드릴게요."
 "박 회장님, 왜 이 일에 그리도 애쓰시나요?"
 "그게…… 그게…… 젊은이들에게 미안해서 그럽니다. 얼굴을 들 수가……."
 거기까지 말을 하다가 울음이 터져버렸다. 놀란 의원이 나를 달랬다.
 "진정하세요. 알았으니 제가 애써볼게요."

위원회와 법사위의 두 관문을 통과하면서 드디어 본회의다 싶었는데 결국 이 건은 그 본회의에 상정되지 못했다. 이렇게 네 차례 관문을 지나는 동안 언제라도 국회가 파행에 들어가면 올 스톱이다. 아슬아슬 지켜보는 젊은 마음들에는 끊임없이 생채기가 난다. 물론 국회에서 입법이 되고 나서도 정부의 시행령이 만들어지는 과정에서 또 무슨 변수가 생길지 모르는 일은 나중에 할 고민이다.

하나하나 들여다보면 다 이유가 있고 그중에는 이해가 가는 부분도 있다. 그런데 중요한 것은 이러한 사정들로 인해, 일을 벌이겠다고 젊음을 던져 창업한 친구들은 매번 희망 고문 속에 국회를 지켜보며 애를 태우면서 1~2년이 지나도록 기다려야 한다는 것이다. 심지어 그렇게 예상보다 오래 지체되는 법안 때문에 사업 자체가 위태로워지기도 한다. 젊은이들은 왜 저래야 하나 잘 이해가 안 가는 어른들만의 이유들로 인해 꿈이 스러져가고 있다.

보다 못해 돕겠다고 나서서 그 젊은 사업가들과 같이 땀 흘리며 국회 안을 돌아다니며 이 방 가서 호소하고 저 방 가서 부탁하고 다녔다. 하지만 내가 하는 노력에도 한계가 있다. 그래도 젊은이들은 그나마 같이 뛰어주는 사람이 있다는 자체로 큰 위안을 받는 것 같아 보였다. 어른들의 세계에 애끓으며 호소하려니 얼마나 힘이 들었을까? 의원실을 나서서 복도를 함께 걷는 동안 나도 젊은이들에게 할 말이 하나밖에 없다.

"미안해. 이번에는 꼭 되도록 해볼게. 끝까지 가보자. 조금만 더 견뎌. 미안해, 정말 미안해."
 말하다 보면 나도 모르게 몇 번씩 울컥한다. 정말 진심으로 미안해할 수밖에 없는 어른임이 참으로 부끄럽다.

 양복 속 셔츠가 막 세탁기에서 꺼낸 것처럼 젖은 채로 나서는 걸음이 휘청인다. 고개를 들어보니 눈앞에 의원회관이 파란 하늘을 배경으로 서 있다. 희망의 파란색처럼…….

뒷담화가 들려온다면

　나에 관한 뒷담화를 나쁘게 하는 사람은 내게 독을 품은 사람이다. 내 주변 사람들이나 나를 아는 사람들의 생각과 눈을 오염시켜서 그 사람들이 나를 나쁘게 보게 만드는 것이다. 이게 뒷담화의 가장 기본이다. 사람들이 나를 보는 시선을 바꾸려는 것이 목적이다. 그러니 아무리 너그럽게 보아 넘기려 해도 기분이 좋을 수가 없다.

　뒷담화가 들려오면 나는 그 사람이 어떤 사람인지 판단을 해본다. 가끔은 직접 얘기를 한다. 그런데 이때 "네가 어떻게 그럴 수 있어?"라고 따지면 내 평가가 들어가는 셈이다. 너는 그럴 수 없다거나 그래서는 안 된다는 판단을 앞세우는 것이 된다. 그냥 팩트만 이야기하는 것이 제일 좋다고 생각한다. "내가 이러이러한 얘기를 들었는데 그렇게 말했느냐"라고.

대개 열 명 중 여덟아홉은 아니라고 한다. 그럼 나는 이렇게 끝내고 만다. "그렇지, 혹시라도 그랬으면 내가 불편할 것 같아서. 안 했으니 다행이고." 더 파고들면 그 사람은 다른 방식으로 또 뒷담화를 하기 마련이다.

뒷담화하는 사람들은 말하는 목적 자체가 문제의 해결이나 동의에 있지 않다. 해결과 동의를 원하는 사람은 뒷담화보다는 당사자인 내게 직접 얘기하고 푼다. 어떻게 그럴 수가 있냐고 판단하며 비난의 말투로 따지면 그 말투와 내용까지 왜곡해서 추가의 뒷담화를 만들어낸다. 나를 깎아내리려는 목적으로 시작한 뒷담화에 소재를 더 보태주는 결과가 되고 만다.

진실은 하나다. 뒷담화와 관련된 사실들은 결국 모든 사람이 알게 된다. 내버려두면 대개 그 진실 때문에 뒷담화를 한 사람을 자멸하게 만든다.

정말 얼토당토않은 거짓으로 남들에게 내 뒷담화를 한 친구가 있었다. 만나서 이러저러하게 이야기를 했느냐고 물었더니 돌아온 그 친구의 답이 정말 놀라웠다. "세상의 모든 일에는 두 개의 진실이 있는 법이야." 그러니 자기가 우기면 사람들은 두 가지 중 하나를 선택적으로 진실로 받아들일 테니 자신은 고칠 생각이 없다는 말이었다.

세월이 가면서 보니 그 친구는 항상 그렇게 진실은 두 가지라는 믿음으로, 자신의 주장을 사실로 왜곡하는 일을 주저

하지 않았다. 결국 나와는 악연으로 끝이 났고, 하나인 진실이 알려지면서 그는 대부분의 친구들로부터 버림을 받았다.

진실은 하나다.

나는 그물이다

우리가 살아가는 이 시대는 왜 이리 아픔이 많은 걸까? 생각을 거듭해봐도 참 이치에 맞지 않는 일이다. 소득이 올라 풍요로워지고 과학기술로 일상의 많은 일이 쉽게 처리되고 의학이 발달해 몸의 고통도 떨쳐버리는 시대가 왔다. 그런데 왜 마음은 갈수록 복잡하고 아프고 쓸쓸해지길 반복하는 것일까?

젊은이들이 자주 고통을 호소해온다. '온 세상 둘러봐도 나 혼자인 것 같아요.' '화가 나서 견디질 못하겠는데 어디다 딱히 풀 곳도 없어요.'

누가 나를 때려서 분노하거나, 주변에 사람이 없어서 고독하던 시대는 지나갔다. 이제 분노는 정당하지 않을 때 솟아오르고, 고독은 공감할 상대가 없을 때 우리를 찾아온다. 생각보다 많은 사람이 이런 분노와 고독에 시달리는 시대가 됐다.

자신이 다스리지 못하는 감정을 남에게로 향하는 사람들이 많다. 직장에서 그렇고 심지어 가정에서도 드물지 않다. 정당하지 않은 비난과 비웃음은 꼬챙이가 되어 마음을 찌른다. 쏟아내는 사람 자신이 위로받기 위해서인지, 상대방이 고통받기를 원해서 그러는 것인지조차 분명하지 않다.

그런데 이 고통과 불안은 실체가 아니기 때문에 다른 생각이 대체하는 순간 거짓말처럼 없어진다. 그래서 빨리 시선을 바꾸고 생각을 바꿔야 상처가 깊어지는 것을 막을 수 있다. 골똘히 대면하면 할수록 나만 더 상처받는 싸움은 의미 없는 노력일 뿐이다. 내가 멈춰 서서 그 꼬챙이를 바라보고 있으면 두 번 세 번 끊임없이 찌른다.

상담 선생님에게 요즘 젊은이들이 조직에서 많이 겪는 이 고통과 불안에 관해 이야기를 나눈 적이 있다. 그 과정에서 나부터 위안의 방법을 찾았다. 몸의 상처는 시간이 가면 낫지만 마음의 상처는 낫는 것이 아니라 잊힐 뿐이다. 그리고 돌아올 구실이 생길 때마다 돌아온다. 그러니 치유보다 더 효과적인 방법은 상처가 다시 돌아왔을 때 관리하는 방법을 찾는 것이다.

"그 고통과 불안으로부터 벗어나는 길은 쳐다보지 않는 것입니다. 마음속에 넓게 펼쳐진 그물을 떠올리고 바라보세요. 그리고 소리 내서 말하세요. 휘이 휘이 지나쳐 가라. 나를 괴롭히는 생각들 모두 내 마음에 머물 수 없다. 나는 그물이다. 바람처럼 지나가라. 휘이 휘이."

시각적으로 그물의 이미지를 떠올리며 입으로 소리 내어 이렇게 몇 번을 반복하는 동안에 많이 편안해진 나를 발견하곤 했다.

고독은 군중 속에 있어도 자신을 구석으로 밀어붙여 혼자로 만든다. 귀가 따갑게 쏟아지는 군중의 대화가 자신에게는 그저 소음으로 다가올 뿐이다. 친구와 앉아 몇 시간을 대화해도 끝내 혼자만의 세계를 벗어날 수 없을 때 고독해진다. 누가 마음을 열고 나와 공감해줄 수 있을까 대화를 시도하지만 벽을 마주하는 일도 흔하다.

공감해주는 사람이 한 사람만 있어도 고독하지 않은 법이다. 공감의 시작은 경청이다. 아무리 말주변이 좋고 이야기를 잘하는 사람도 내 이야기를 듣지 않으면 공감이란 불가능한 법이다. 이야기를 들어주는 사람이 이야기를 잘하는 사람보다 더 든든하다. 그리고 그렇게 내 이야기의 통로가 있다고 생각하면 외롭지 않다.

완주하지 않아도 괜찮다

걷는 것을 참 좋아한다. 걸어서 국토 종단, 횡단을 했다. 남해안 횡단도 했고 주말마다 7~8킬로를 걷는다. 2007년에 산티아고 걷기를 시작했다. 한창 일이 쏟아지던 시기라 한 번에 완주는 불가능해서 유럽 출장이 있을 때마다 며칠씩 이어 걷기로 계획을 하고 첫걸음을 2007년 4월에 뗐다. 프랑스부터 시작하지 않고 피레네산맥을 넘자마자 스페인 쪽에 있는 론세스바예스에서 출발했다. 거기서부터도 790킬로를 걸어야 하는 길이다.

첫 100킬로를 걷는 동안 정말 행복했다. 좀 외롭긴 했지만 새벽부터 걸으며 신앙을 다져가는 순례의 길이 줄어드는 것이 아까울 정도였다. 자연 속에 드문드문 앞서거니 뒤서거니 하며 순례자들과 같이 걷는 것도 좋았고, 무엇보다 조용한 산길에서 생각과 기도에 잠겨 걷는 시간이 더없이 좋았다.

길에서 만난 스페인 사람 아버지와 아들이 내가 허기져 보였는지 길이가 20센티는 족히 될 만한 샌드위치를 같이 먹자고 나눠줬다. 팜플로나시로 들어가는 입구에서 탈진해 앉아 있는 나에게 프랑스에서 온 아주머니가 사탕을 까서 입에 넣어주고 가기도 했다. 그렇게 모두가 서로에게 마음을 열고 걸어가는 길이었다. 소식에 의하면 요즘은 관광지처럼 돼서 분위기가 많이 변했다고 한다. 참 안타깝다.

호기롭게 배낭 하나 지고 신나게 걷기 시작했는데 사흘 만에 몸에 이상을 느꼈다. 바로 귀국하자마자 병원에 가니 당장 입원해야 한단다. 대장에 큰 수술을 해야 했다. 수술 후에도 엉덩이를 뚫어서 고름 빼내는 관 다섯 줄을 몇 달간 달고 다녔을 정도로 고생했지만 그 100킬로의 여정이 머리에서 떠나질 않았다. 결국 돌아가지 못했지만 지나는 마을마다 스탬프를 찍은 순례 수첩과 배낭을 아직도 보관하고 있다. 언젠가 다시 갈 수 있으려나 싶은 마음에서다.

이제는 돌아가지 않아도 괜찮다. 그사이 인생 밥을 먹으면서 반드시 완주를 하고 목표를 이루어야만 좋은 것이 아님을 배웠다. 그 길이 그립기도 했지만, 포기한다는 것이 싫어서 고집처럼 수첩이며 배낭을 가끔 한번씩 들여다보며 내년엔 꼭 가야지 다짐을 해왔다. 그런데 그 생각이 바뀌었다. 그러자 마음속에서 완주한 것이나 다름이 없다. 완주하지 않아도 그리움과 아름다운 추억이 남아 행복하고 따뜻하게 내 일부가 되었으니 괜찮다.

무슨 일이든 꼭 목표를 세우고 달성해야 가치가 있는 것은 아니다. 때로는 중간에 그만두기도 하고 때로는 계획만으로 가슴 벅차다 끝나기도 한다. 목표에 도달하지 않아도, 즐겁고 행복하자고 시작한 일이면 즐겁고 행복했으면 됐다 싶다. 물론 목표에 도달하면 더 행복하고 기쁠지도 모르지만, 악착같을 필요 없고 이를 악물 필요도 없다. 분명한 것은 이렇게 생각을 바꾸고 나니 편안하고 행복한 일이 적지 않다는 것이다.

미래가 나를 향해 다가오도록

 내가 정한 혹은 그려놓은 미래를 향해 가려고 애쓰는 이들이 많다. 아마 대부분이 그런 삶을 살고 있다고, 아니면 살겠다고 생각하는 것 같다. 사실 회사를 떠나면서 남은 30년 정도를 무엇을 하며 어떻게 살 것인가 구상하며 나도 그랬으니까.

 그런데 회사를 떠나고 내 삶이 정말 크게 바뀌고 나서 미래를 향해 다가가기를 잠시 멈추었다. 독거노인 어르신들을 위해 주방에서 반찬을 만들고, 댁으로 배달해드리는 일만 열심히 하며 1년을 쉬었다. 아니 쉬었다기보다는 미래 생각을 안 하고 살았다. 생각 가는 대로 살다 보니 절로 가족이나 친구와 보내는 시간이 늘었고 거북하고 불편한 시간은 줄었다.

이제는 미래를 향해 가지 않기로 했다. 나에게 중요한 삶의 원칙대로 살고 있으면 미래가 나를 향해 오겠지 생각한다. 미래를 굳이 미리 고민하지 않기로 했다. 다만 그다지 불편하지 않게 기다리며 그 미래가 어떻든 받아들여도 좋다는 생각이다.

어떤 원칙으로 살아가느냐고? 의외로 그에 대한 답은 간단했다. 지난 1년이 그 답이었다. 첫째는 내가 사랑하는 사람들을 최우선으로 한다. 사랑하는 사람은 가족만이 아니라 친구, 좋아하는 사람 심지어 잘 몰라도 떠올리면 좋은 사람들까지 포함됐다. 그리고 둘째는 가능한 한 너그럽고 베푸는 삶을 살자는 것이었다. 셋째는 이제까지 그래왔듯이 성실한 태도였다.

자연스럽게 이 원칙이 내 시간들을 채우기 시작했다. 사랑하는 사람과 시간을 보내고 그들을 위한 생각을 제일 먼저 리스트에 올렸다. 그리고 무슨 일에든 베풀고, 언행을 너그럽게 하는 것을 우선으로 삼았다. 마지막으로 무엇을 하든 성실하게 하려 했다. 이렇게 내 일정표는 채워졌고 그 일정들만으로도 정말 눈코 뜰 새 없이 바빴다.

참으로 신기한 것은 평생 처음으로 미래를 바라보고 준비할 시간을 전혀 갖지 않아도 편안했다. 은퇴하고 놀고 있어서 그런 것은 아니었다. 이제까지도 현재가 중요하다고 생각하며 살았지만 그것은 늘 미래를 위한 현재였다. 그리고 쫓기듯 현재를 바쁘게 꽉꽉 채워 넣어야만 마음이 편했다. 돌이켜 보니 강박처럼 뭐든 채워 넣어 나를 바쁘게 몰아가야 현재에 충실한 삶이라고 생각했던 것 같다. 그런데 채우는 것을 먼저 생각하지 않고 비워둔 채로 원칙부터 따르다 보니 이제까지 경험해보지 못한 시야가 열렸다. 미래에 대해 거꾸로 자신이 생겼다. 어떤 미래가 오든 내게 배신감을 주지 않으리란 믿음이 생겼다. 그리고 설사 그 미래가 정말 예상하지 않은 모습으로 온다고 해도 두렵지 않다. 사랑하는 사람들, 사랑을 나누는 사람들, 그리고 내게 사랑을 주는 사람들이 곁에 있으니 괜찮다. 그걸 이제야 깨닫다니 참.

오늘을 잘 살면 미래가 나를 향해 다가오도록 둬도 괜찮다.

거절하는 요령

나는 거절하는 요령을 참 힘들게 배웠다. 왜냐하면 나의 개인적 배경을 잘 모르는 사람은 대기업의 오너라고만 생각을 하니 뭐든 쉽게 말 한마디로 해결해줄 수 있는 줄 알았다. 그러니 거래에서부터 시작해서 사람에 관한 부탁까지 기업을 둘러싼 부탁이 끊이지 않았다.

개인적으로도 금전적인 문제를 포함해서 사소한 부탁을 많이 받는 편이었다. 부탁을 해왔는데 쉬운 일이면 걱정할 일이 없다. 그런데 불가능하거나 어려운 일이라 들어주지 못하는 경우도 있고 심지어 쉬운 일이라도 들어주기 싫을 때도 많다. 하지만 거절하자니 관계가 나빠질지도 모르고 내가 야박한 사람인 것 같다. 이럴 때는 참 난감했다. 이 나이가 되도록 살면서 그런 일을 수도 없이 겪었다.

보통 흔히들 쓰는 방법 중 옳다 싶은 방법을 다 써봤다.

빙빙 돌려 다음에 보자는 식으로 얼버무리고 넘어가봤다. 이건 시간이 지나 결국 거절임을 안 상대에게 너무 큰 상처를 주는 치졸한 방법이었다.

아니면 딱 잘라 거절을 했다. 선은 이렇고 후는 이래서 안 된다고 이야기해보기도 했다. 그런데 이 방법을 쓰니 말 한마디에 천 냥 빚을 갚는다는데 내가 해놓고도 스스로 참 배려심 없어 보였고, 상대는 상대대로 상처를 받았다.

마지막 방법으로는 내 상황이 이러니 나를 좀 봐달라고 사정을 했다. 그런데 저녁에 자려고 누워 생각하니 "아니 내가 뭘 잘못했길래 거꾸로 사정하고 설득해야 하지?" 싶었다.

그렇게 무수한 가슴앓이를 하고 나서 보니 상대에게 내가 어떻게 거절하느냐보다 내가 어떻게 살아가느냐가 중요했다. 우선 거절 이전에 내 마음이 어떤지를 잘 들여다보고 관리하는 것이 먼저다. 쉽지 않지만 가능하면 평소에 친절하고 배려하려 노력한다. 그렇게 노력하려니 나도 내 자신이 어지간히 바보 같고 손해 보는 것 같았다.

사실 지금도 신중하게 생각하지 않으면 이기적인 선택이 제일 쉽고 가깝다. 하지만 이기적인 사람보다는 친절하고 배려하는 사람이 더 좋은 기억을 남기고 신뢰받는다. 평소에 누군가가 도움을 청해 오면 웬만하면 도와주려 노력한다. '내가 왜?'라는 생각을 좀 덜 하고 살아가면 주변 사람들의 청을 거절해도 덜 서운해한다. 왜냐하면 웬만하면 도와주려 노력하는 사람인 걸 아니까. 문제는 나라는 사람에 대해 이런 이해가 생길 때까지 노력하는 시간이 꽤 걸렸다. 나는 웬만하면 들어주려 노력하는데도 거절당한 사람은 서운해한다. 하지만 꾸준히 일관되게 노력하면 서서히 덜 서운해하기 시작한다.

'친절과 배려를 모르는 사람은 결정적일 때 믿을 만하지 않다'고 대부분의 사람들이 생각한다. 자기가 원하는 것만 알고 자신을 위해서 남에게 늘 매정스러운 사람은 자신의 이해가 걸리면 주저 없이 가장 이기적인 선택만을 할 사람이라고 보기 때문이다. 친절과 배려를 모르는 사람은 이런 이유로 결국 언젠가 아무도 자신을 도와주지 않는 외로운 세상에 홀로 서게 될 수밖에 없다.

무엇보다 조금 친절하고 배려하며 살면 정당한 거절을 할 때 마음이 덜 무겁다. 평소에 그렇게 노력하는 것은 역설적으로 거절하는 일을 조금 쉽게 해준다. 나도 거절해야 할 때는 무던히 마음고생 많이 했고, 반대로 들어주기 싫은 부탁을 들어줄 때는 꽤나 불편하기도 했다. 오랜 시간 그렇게 시행착오를 어지간히 겪었다.

젊은 시절 나는 일찍 아버지를 여읜 탓인가 누군가 어른으로부터 생각지도 못한 배려를 받으면 참으로 감사했다. 세월이 흐르고 보니 배려는 꼭 내가 많이 가져야만 하는 일은 아니었다. 배려는 값지고 그로 인해 거절도 편해질 만큼 나를 완성시키기도 한다.

그런데 여기에도 예외는 있다. 부탁할 때만 나를 찾는 사람이 있다. 그런 경우에는 그냥 거절해도 마음이 무겁지 않다. 그런 사람이 내게 주는 부담이 불편하기도 하지만, 그런 사람과의 관계 자체가 부담이기 때문이다. 그 상대에게는 내가 우정을 주고받는 대상이 아니라 이용의 대상일 뿐이다. 그런 사람에 대해서는 좌고우면할 것 없이 거절해도 괜찮다고 생각한다.

부탁받는 일에 짜증도 내고, 원칙대로 처리해야 한다고 까다롭게 굴던 오래전 어느 날 곁에서 보고 있던 아내에게 호되게 야단을 맞았다. "부탁을 하는 처지보다 부탁을 받는 처지가 얼마나 좋은지 알아야 해. 부탁을 하는 처지에 당신이 있다고 생각해봐. 까다롭고 정확하게 대하는 것이 능사가 아니야."

그날 이후로 생각을 많이 바꾸었다. 아무리 부탁이 성가시고 당황스러워도 부탁을 하는 사람 입장에서 생각해보면 마음이 바뀌었다. 그리고 그렇게 마음을 먹으니 거절도 덜 어려워졌다.

분노의 재고관리

 세상을 살다 보면 정말 어쩔 수가 없는 인간이 있다. 더구나 그 사람이 내가 맘대로 어쩔 수 없는 상대거나 도저히 내게 그런 짓을 하는 것이 이해가 안 갈 정도로 마음을 줬던 사람이면 그 분노가 더욱 커진다.

 그럴 때 내가 쓰는 해결책이 있다. 종이를 꺼내 상대의 악행을 다 적는다. 철저히 내가 본 시각에서 날것의 언어로 최대한 분노를 담아 써 내려간다. 그 리스트는 객관적으로 쓰지 않아도 괜찮다. 나만 볼 글이니 '나도 물론 잘못하지만 그 사람은 심한 것 같다' 이렇게 쓸 필요가 없다.

 다 쓰고 나면 그 종이를 쪽쪽 잘게 찢는다. 절대 다른 사람이 주워서 알아보고 해석할 수 없을 정도로.
 참 신기하게도 그렇게 써 내려가는 동안에 거의 분이 풀린다. 심지어 그 과정에서 어느 순간 나도 '이거는 좀 심한데?' 이런 생각이 들어 나만 보는 리스트임에도 민망해지기도 한다. 그런 것은 그냥 흘려버리고 나머지 내가 정당하게 분노하는 것들만을 글로 남기다 보면 분노가 반으로 준다. 그래서 쫙 한번 쓰고 찢어버리고 나면 화가 나서 시작한 열 개의 리스트가 두셋으로 끝난다.

결코 내가 묵과할 수 없고, 도저히 참기도 어렵고, 심지어는 참을 수 있지만 내가 왜 참아야 되나 싶고, 죽어도 참기 싫은 것, 딱 두세 개가 남는다. 남은 리스트를 쪽쪽 찢으면서 자기 위안을 해보는데 그래도 안 되는 두세 개는 마음속 포켓에 넣어 가지고 있을 수밖에 없다. 언젠가는 꺼내서 그 사람한테 쏟아놓든지 아니면 시간 가면서 분노가 잊히기를 바란다. 그러다 운 좋은 경우는 다른 누군가가 이 인간이 자기한테 이렇게 한다고 내게 얘기를 한다. '그 고통을 나만 겪는 게 아니구나' 싶어서 누그러지기도 한다.

나는 이렇게 분노를 줄여가기 위한 과정이 필요했다. 그래도 정말 어쩔 수 없는 마지막 하나까지 내 속에서 소화하고 없애는 것은 불가능했다.
무엇보다 내가 가진 분노에 대해서 솔직할 필요가 있었다. 심지어는 이런 경우도 있다. 화가 많이 났다. 파르르 떨릴 정도로 누군가에게 분노가 치밀었다. 옆의 사람에게 뒷담화를 했고 결국 본인한테 쏟아놓았다.

   그런데 다 쏟아놓질 못했다. 돌아서고 났는데 다른 것들이 또 생각이 났다. 가슴을 치며 한탄을 했다. "내가 바보지. 왜 생각을 못 했지? 그것도 있는데."

   분노라는 앙금은 이렇게 미처 떠올리고 내어놓지 못한 채 내 속에 남아 있으면 나도 모르는 사이에 점점 깊이 파고들어갔다. 그래서 어떤 형태로든지 쏟아놓거나 한번은 재고 파악을 해 없애버려야 했다.

   한번 적어보면 그 모두를 밝은 곳으로 꺼내놓을 수 있다. 그리고 정확하게 내 분노를 직시하면 스러져가는 것들이 많다. 결국 내 정신 건강에 좋은 것이다. 한번 솔직하게 분노하고 지나갔으니까.

   분노의 재고관리를 가끔 한번씩 하기를 권한다.

쓸모없는 인간이란 없다

　나 자랄 적엔 인구의 지나친 증가를 막기 위한 표어가 많았다. 나라는 가난한데 아이들은 많이 태어나니 어쩔 수 없었겠지 싶다. 그 시절 표어 중 가장 흔히 보이던 것이 '아들딸 구별 말고 둘만 낳아 잘 기르자'였다.

　학교 선생님이 수업 시간에 엉망으로 장난치는 애들을 향해 말했었다. 장난에 제일 적극적이던 아이 중 하나가 나였으니 내게 한 말이었을까 생각도 든다.
　"귀한 쌀이나 축내고 장난만 치는 네놈들 보면 이제 표어를 바꿔야겠다. '인간이 아닌 거 집집마다 낳지 말고 한 집 걸러 하나만 제대로 된 거 낳자'."
　아이들이 모두 와하고 웃는데 나는 심각해진 적도 있었다.

　나는 '걸러져야 하는 한 집'의 '걸러져야 하는 아이'였던

게 아닐까 싶었다. 선생님이 유난히 나를 째려보며 그 말을 한 것 같아서 내가 장난을 심하게 한 원죄는 까맣게 잊고 당찮은 신세 한탄으로 돌변한 셈이었다. '도대체 난 왜 태어났을까?' 눈물을 흘리며 심각하게 밤새 고민한 적도 있었다.

그런데 걸러지기는커녕 무럭무럭 자라서, 결혼을 하고 아이도 둘 낳았다. 그 당시 선생님 일갈로 보면 정말 국가적 비극을 저지른 셈이다.

그나마 바뀐 지금 시대의 기준으로는 국민적 소임을 했다. 손자 손녀도 다섯인데 앞으로 더 생길 가능성이 농후하다. 본의 아니게 '한 집당 둘'이라는 당시의 표어에도 적당히 맞고, 오늘의 시대에도 '그다지 모자람이 없는 모범'이 됐다.

그런데 선생님의 당시 악담이 이제 사회의 현실이 되었다. 인간을 자를 수가 없으니 출산율 1 이하는 한 집 걸러 하나씩 낳는 것이나 마찬가지다. 이 숫자는 정말 큰일이다. 경제가 쪼그라들어가는 기본 조건을 갖춘 셈이기 때문이다.

그 원인은 출산 정책에만 있지는 않다. 우리 사회 모두가 나서서 '내게 유리한 주장'만 해서는 답이 안 나온다. 큰 그림에서 모든 요소를 감안해서 각계각층이 양보하고 나라를 위한 합의로 웬만하면 살기 편한 세상을 만들 수 있는 방식을 찾아야 한다.

회사 임원 중 하나가 한참 웃으며 농담 주고받는 자리에서 내게 말했다.

"우리 아버지는 저보고 쓸데없는 인간이라고 자주 야단치셨어요. 저에게 밥 먹고 똥만 싸니 걸어 다니는 비료 공장이라고 하시더군요."

그날은 모두가 이 이야기를 듣고 숨이 넘어가게 웃었다.

쓸모없는 인간이란 없다. 누구나 자기의 가치와 쓸모를 갖고 태어나기 마련이다. 게을러서 쓸모가 없다고 하지만, 사실 게으른 사람의 무거운 엉덩이가 관찰과 안정에는 적임인 법이다. 반대로 너무 설쳐서 쓸모가 없다고 하지만, 설치는 사람이 있어야 일이 이루어진다.

출산율이 낮아지는 것은 우리 모두가 나서서 고쳐야 할 일이다. 아이를 낳기 싫은 세상은 얼마나 삭막한가? 종말을 향해 달려가는 세상과 다름이 없다. 누구도 이 일로부터 책임 없이 자유로울 수 없다. 그런데 나오는 정책이라고는 애 낳으면 돈을 얼마 준다는 식이 많다. 아이를 낳고 키워야 할 젊은이에게 이만한 모욕이 없다고 생각한다. 아이와 더불어 살아가기 힘든 세상을 만들어놓고는 그 진입 입구에서 돈 들고 흔들며 이거 줄 테니 들어오라는 식이나 마찬가지다. 젊은이들이 그렇게 생각이 없는 줄 아는가? 진심으로 묻고 싶다.

숨을 못 쉬겠어요

"저 공황장애가 생긴 것 같아요. 가끔씩 숨을 못 쉬겠어요."
"아니 왜?"
"잊고 싶은 생각이 떠오르기만 하면 이래요."

후배가 직장 상사와 문제가 생긴 모양이었다. 인사고과를 평가하는 상사인 데다가 어지간히 말도 잘 통하지 않는 벽창호에게 제대로 걸려든 듯했다. 매번 부딪칠 수도 없고 그냥 시키는 대로 하자니 분명히 나중에 말썽이 생길 텐데 그 책임은 자기에게 돌아올 것이 뻔했다. 매일 저녁 자기 전 샤워를 하면 영화에서 본 장면처럼 몸에서 피가 나와 줄줄 흐르는 상상을 한다고 했다. 이 정도면 전문가의 상담을 받아야 하고 도저히 해결이 안 되면 그 직장을 떠나야 한다.

내가 관찰한 바로도 직원들 중에 상당수가 이렇듯 해결 못 하는 어려움에 처해 있다. 누구의 잘못인지를 따지면 분명히 이는 내 책임이었다. 리더십의 관리와 인사 제도의 설계 및 운용은 최고경영자의 가장 중요한 책임이다. 사람이 모여서 일하는데 사람을 대하는 방식을 내가 직접 알고 관리하지 못하면 그것은 전적으로 내 책임이었다. 내가 제대로 가르치지 못한 관리자가 부하 직원을 괴롭히고 있음을 시정 못 한 것이다.

군이 변명을 하자면 급속히 발전하고 변화해온 우리 사회의 문제도 상당 부분 원인이다. 세대 간 사고방식의 차이가 너무도 두드러지는 것은 각 세대마다 배우고 경험한 삶이 다른 탓도 크다. 그러니 어쩔 수 없이 생기는 갈등도 부지기수다. 게다가 리더를 코칭 하고 양성해내는 방법이 아직 미숙한 조직이 많다. 그러다 보니 힘은 주어졌지만 성숙도에서는 형편없이 모자라는 리더가 곳곳에 포진해 있게 된다.

몸의 상처는 낫는다. 마음의 상처도 시간이 가면 낫는 것 같지만 사실 마음의 상처는 아물지 않는다. 적어도 내 경험에는 그랬다. 낫는 것이 아니라 잠시 잊혀져 의식의 수면 아래로 잠길 뿐이었다. 그러다 비슷한 일이 생기면 그 생채기가 그대로 다시 올라와 새로운 상처와 함께 두 배 세 배로

속을 휘저어놓는다. 그러니 상처를 길게 늘려가는 것이나 마찬가지다. 그리고 그런 상처 입은 과거는 단지 과거가 아니다. 제대로 그 상처를 다루는 방법을 알지 못하면 미래를 망가뜨리는 새로운 현재가 된다. 이처럼 과거로 지나쳐 가 사라지지 않고 현재를 반복하며 따라다니는 것이 마음의 상처다.

스트레스 진단을 받은 적이 있다. 몇 시간에 걸친 검사를 하고 며칠이 지난 후 결과 상담을 받기 위해 마주 앉았다.
"회장님 스트레스 많으신 것 같으세요? 어떻게 느끼세요?"
속으로 '당연한 질문을 왜 하지?' 싶었지만 가볍게 답을 했다.
"제 직업상 스트레스가 당연히 있겠지요. 하지만 그냥 견딜 만한데요."
"네…… 그런데 회장님은 저희가 진단한 리더분들 중 스트레스가 높은 그룹에 속해 있으세요."
"당연히 그런 정도겠지 생각은 해요."
"아니 그런데요. 이 그래프를 좀 보시겠어요?"

의사가 내민 막대그래프를 보니 그룹별로 색깔을 달리 해놓았는데 맨 꼭대기 그룹이 빨간색이었다. 그의 손이 가리키는 곳을 따라가 보니 그래프의 바깥 한참 위쪽에 홀로

점이 하나 찍혀 있었다.

"회장님은 괜찮다 하시지만 여기 이 비정상적인 위치에 찍혀 있는 점이 회장님이세요. 이 정도면 생리적으로 증상들이 몸에 나타나요. 그리고 방치하면 육체적으로 큰 병으로 이어집니다."

증상들을 들어보니 여섯 가지 중 다섯 가지가 실제로 내게 나타나고 있었다. 결국 상담을 받고 스트레스를 다루는 방식을 배웠다. 방식이라야 첨단 과학은 아니었다. 내게 내재된 상처를 스스로 들여다보게 도와주고 다시 비슷한 상처가 생길 때 놀라거나 그냥 아파하지 않고 객관적으로 바라볼 수 있는 방법이었다. 그러면서 스트레스가 확 솟을 때 "아, 또 이거로구나" 알아차리고, 마음의 상처가 또 아프게 해도 자연스럽게 지나갈 수 있게 됐다.

감기에 걸리면 동네 병원에 간다. 감기에 걸린다고 금방 중병으로 이어지지는 않는다. 대부분은 며칠 앓다가 다시 언제 아팠느냐는 듯이 일상으로 복귀한다. 그런데 몸의 병은 그리도 쉽게 전문가에게 달려가 도움을 청하면서 마음의 병은 절대로 병원에 가지 않으려 한다. 같이 일하는 임원들에게 모두 심리 진단을 받으라고 권한 적이 있다. 그때도 똑같이 이야기했다.

"감기는 병원 가면서 마음의 감기는 왜 폐렴이 될 때까지 방치하나요? 나도 도움을 받은 적이 있으니 걱정 말고들 가 보세요."

내가 왜 이런 진단을 받는지 모르겠다며 툴툴거리던 임원이 나중에 "상담하며 눈물이 쏟아지는데 그렇게 울어본 적이 언제였는지 모르겠다" 하며 고마워했다.

도저히 해결 안 되고 마음이 공황 증상 수준까지 간다면 지체 없이 전문가의 상담을 받기를 권한다. 그렇게 해서 여러 사람이 마음의 병으로 가는 것을 막았다.

남에게 상처 줘도 괜찮다고 허락받고 태어난 사람은 아무도 없다. 그리고 상처를 주고도 정작 본인은 모르고 사는 사람들이 많다. 상처를 준 사람은 멀쩡하게 밥 잘 먹고 잠 잘 자고 사는데 상처를 받은 사람은 잠도 못 자고 괴롭다면 너무 불공평하지 않은가? 힘들지만 가능하면 감정이나 평가를 담지 말고 관찰한 그대로 상처 준 사람에게 말하도록 노력하는 것이 좋다.

감정과 평가가 담긴 말을 하기보다 담담하게 '저한테 이런 단어를 쓰시잖아요. 그런데 저는 익숙하지 않은 표현이라 당황스러워요.' '월요일에 그리하셨고 수요일에 그리하셨잖아요. 일주일에 두 번을 그렇게 하셨는데요. 제가 이해할 수 있는 말로 말씀해주시겠어요?'라는 정도로 담담하게 직접 말을 해보는 것이 나만 상처받고 끝나는 일을 막는 방법이다.

갑의 위치에 있는 사람을 상대로 이렇게 솔직히 표현하는 자체가 어려울 때가 많다. 그것이 현실이다. 하지만 내가 받는 상처가 나도 모르는 사이에 나를 회복하기 어려운 트라우마로 끌고 들어간다면, 나를 보호하고 방어하는 것은 당연한 일이다. 심지어 상처 준 그 사람이 없는 다른 환경에서조차 나를 불완전한 사람으로 만들게 된다면 더 이상 참아야 할 이유가 없다. '그만둘 수가 없는 직장이라서' 그냥 참고만 있다 보면 다른 직장에서조차 견딜 수 없는 병이 생길 수 있다.

행복의 노후대책

"이제 뭐 하실 거예요?"
"남들은 '이제 시간 많으시니 형수님과 여행도 가시고 좀 쉬시지요' 이런 덕담도 많이 듣던데 난 왜 꼭 뭘 해야 하나?"

회사를 그만둔다니까 하도 같은 질문들을 많이 해서 농담으로 답을 했다. 그만큼 나는 아무것도 안하고 쉬는 것이 어울리지 않는다고들 생각하나 보다 싶다. 하긴 잠시도 일이 없이 가만있는 경우가 없고 뭘 해도 한 번에 두세 가지를 해야 직성이 풀리는 병렬형 인간이라는 것을 나도 잘 안다. 그런데 나라고 일만 하는 것은 아니다. 취미도 어지간히 많아서 그 잠깐씩 주어지는 토막의 휴식 시간도 그냥 보내면 아까웠다. 이런 논스톱에 익숙한 내 삶의 방식이 사실은 괴벽에 가깝긴 하다.

그런데 젊은이들을 만나면 안 그래도 삶이 팍팍하고 자기 맘대로 되는 일이 없다고 생각하는데 고리타분하게 성실하라느니 잠시도 쉬지 말고 일에 매진하라는 식의 말은 쉽게 할 수가 없다. 그저 즐겁게 놀면서 성공하는 일은 없으니 노력해야 한다는 정도의 이야기를 하곤 한다. 그리고 굳이 내가 말 안 해도 청소년 시절부터 공부해라, 놀지 말아라 소리만 줄곧 들어온 젊은이들에게 그런 이야기를 더 할 필요는 전혀 없다고 생각한다. 대신에 삶에 현실적으로 도움이 되는 말을 해주려고 노력한다.

그래서 행복의 노후대책을 마련하라고 한다. 물론 먹고사는 생존의 문제는 당연히 해결해야 한다. 생존의 문제가 해결 안 되는데 행복하기란 그리 쉽지는 않은 일이다. 그런데 이를 채근한다고 더하고 채근 안 한다고 나 몰라라 할 사람은 없지 않은가? 직업을 가져 돈을 벌고 커리어를 완성하고 소위 출세를 목표로 시간을 보내는 것 말고도 그만큼 중요한 일 중 하나는 노는 방식을 알아야 한다는 점이다.

쉬는 것과 노는 것은 다르다. 쉬는 것은 아무것도 안 하고 있어도 가능하지만 노는 것은 뭔가를 즐겁게 해야 노는 것이다. 나이가 들어서 놀 것이 있으면 외롭지 않다. 그냥 상상만 해봐도 이해가 가지 않을까?
"어이, 우리 만나서 쉬자."

이런 전화가 올 리는 없다.

"어이, 만나서 놀자."

노는 것은 혼자서도 할 수 있고 모여서도 할 수 있다.

쉬는 것을 몇십 년 쉴 수는 없다. 쉰다는 개념은 무엇인가를 '한다'의 반대 개념이니 무엇도 하지 않는 것이 쉬는 것이 아니겠는가? 하지만 노는 것은 몇십 년이고 체력만 허락한다면 할 수 있다. 그냥 쉬는 시간이 길어지면 정신이 황폐해지고, 노는 시간이 길어지면 몸이 고단하다. 몸이 고단하면 좀 덜 놀면 되는 일이다. 단지 성실의 반대 개념인 '노는 인간'과는 구분해야 한다. 그 경우와는 같은 뜻이 아니기 때문이다.

'라떼는 말이야'라는 어른들의 추억 곱씹기를 비아냥거리는 마음은 이해를 하지만 그 말이 내게도 언젠가 해당될 수 있다는 생각도 해야 한다. 나도 그런 식으로 '우리 때는 말이야'로 시작하는 이야기는 하기 싫었다. 내가 그 시절의 추억을 곱씹고 되뇌면 되뇔수록 듣는 젊은이와 나는 멀어진다는 것을 안다. 게다가 천성적으로 뒤돌아보며 곱씹기보다는 새로운 것을 시도하고 받아들이는 것을 즐거워한다.

그런데도 나이를 먹으면 옛 추억을 즐거움으로 살아가는 것이다. 나도 어쩔 수 없이 옛 추억을 이야기하는 빈도가 늘어간다. 그래서 젊은이들이 의아해하기도 한다.

"회장님도 '라떼는 말이야'를 하시네요."

"나도 '라떼는 말이야'를 한다고 웃지만 말고 자네는 이다음에 '라떼는 말이야'라고 들려줄 것이 무엇인가 생각해봐."

일이나 성취 말고 재미있게 웃으며 할 이야기가 뭐가 있을까 생각해보라고 한다. 그리고 결론을 이야기한다.

"젊어서 놀기도 해야 해. 젊어서 놀지 않으면 늙어서 곱씹을 추억조차 없어. 그러니 놀 줄 아는 것은 중요한 행복 노후대책인 거야."

스트레스에 정답은 없지만

이런저런 신변에서 일어나는 건망증과 관련된 해프닝들을 웃으며 이야기하지만 한동안 정말 잠 못 자고 고민했다. 아내에게 말도 못하고 끙끙 앓다가 몰래 병원에 예약을 하고 찾아갔다.

"원래 그 나이 되면 그런 겁니다."
의사는 내게 핀잔을 주면서도 기왕에 진찰도 받았으니 정밀검사는 하자고 한다. 그래서 며칠 후 다시 병원을 찾아 혈액검사, 자기공명촬영, 3차원 검사, 기억력 테스트를 모두 했다. 결과는 고장 많은 내 다른 신체 부위와 달리 뇌는 거의 퍼펙트한 건강을 유지하고 있다고 한다. 게다가 기억력은 평균을 훨씬 상회한다고 했다. 기쁜 소식을 받아 들고 나니 정말 날아갈 듯 기분이 좋았다. 신기한 것은 그날부터 거짓말처럼 건망증이 좋아졌다.

아무리 생각해도 원인은 하나였다. 평생 일한 회사를 떠나고 독립하는 과정이나 내 삶에 일어난 변화가 스트레스를 보태긴 했었던 것 같다. 워낙에 늘 웃고 다니고 낙천적인 성격이라 처음엔 설마 했는데 지나고 보니 스트레스가 있긴 했던 모양이다. 이처럼 스트레스는 사람에게 보이지 않게 많은 영향을 준다.

사원들과 이야기를 하면 제일 많이 받는 질문 중 하나가 스트레스를 어떻게 해결하느냐는 것이었다. 나는 스트레스를 뾰족한 꼭지가 여러 개 솟은 별 모양이 마음속에서 돌아다니는 것이라고 설명하곤 한다. 그렇게 돌아다니며 마음의 벽을 찔러대는 것이다. 스트레스에서 오는 어려움은 바로 이렇게 찔리고 상처받는 마음에서 오는 고통 때문이다.

스트레스를 완전히 해소하려면 원인을 제거해야 한다. 하지만 세상일이 아무리 힘들어도 그 모든 원인을 제거할 수는 없는 노릇이다. 자식이 속을 썩여 스트레스가 쌓인다고 자식을 반납할 수는 없지 않은가? 상사가 스트레스의 원인이라고 상사를 내 맘대로 바꿀 수도 없는 일이다. 같이 일하는 동료와 마음이 안 맞는다고 동료를 바꾸거나 다른 사람으로 개조할 수도 없다.

물론 대화로 차분하게 차이점을 극복하고 의견을 맞출

수 있다. 그렇게 해서 스트레스의 원인에 대한 치유를 할 수 있다. 그러나 스트레스가 심할 때는 이조차도 쉽지가 않다. 객관적이고 합리적으로 대화를 하기에는 내 마음의 상처가 큰 탓이다.

이럴 때는 남들이 흔히 이야기하는 방법을 쓴다. 친구들과 웃고 떠들며 한잔하거나 운동으로 땀 흘리기도 한다. 머리를 자르기도 하고 요란한 록 콘서트에 가서 미친 듯 춤추며 발산을 해보기도 한다. 이런 방법들은 모두 스트레스의 뾰족한 꼭지를 둔하게 하는 것이다. 꼭지가 둔해지면 마음속에서 돌아다녀도 마음의 벽을 찌르지 않으니 고통도 덜해지는 법이다. 스트레스의 고통을 완화시키는 방법들이다. 스트레스로부터 받는 고통이 둔해지면 근본 원인을 제거하는 일에도 차분하고 합리적으로 대처할 수 있게 된다. 상대가 상사든 동료든 이렇게 누그러진 마음으로 대화를 하고 방법을 찾는 것이 쉬운 길이다.

정답은 없지만 내가 쓰는 방법은 이렇다. 둘로 나누어 대처를 하는 것이다. 우선 스트레스에서 오는 당장의 고통을 누그러뜨리고 그다음에 근본 원인을 치유한다.

업무상 비밀

 리더의 위치에 있는 사람들이 자주 토로하는 고민이 있다. 직원들과 일을 할 때 그 일과 관련하여 비밀이라고 할 수 있는 사실을 어디까지 알려줘야 하느냐에 대한 판단이 어렵다고들 한다. 물론 모두 말해주면 내용을 공유한 직원이 일을 더 잘해 올 것은 분명하다. 또한 내용을 다 모르는 직원이 저지를 실수를 막기 위해 내가 일일이 신경 쓰고 지켜보지 않아도 괜찮다.

 반면에 민감한 정보가 새어 나가서 일 자체를 그르치거나 오해를 불러일으켜 가뜩이나 많은 일에 그 오해를 해결하는 일까지 보태게 되는 경우도 있다. 이러다 보니 일과 관련한 정보를 어디까지 알려주고 어디부터 차단할지가 판단이 안 서기 시작한다. 이래도 문제, 저래도 문제, 고민일 수밖에 없다.

할 수 없이 직원들 중 입이 무겁다고 판단이 되는 사람에게 일을 맡겨보지만 입이 무거운 것과 업무 수행 능력은 별개의 문제다. 게다가 입이 무거운 줄 알았는데 일을 맡기고 보니 입이 그렇게 무겁지 않음을 알고 나면 더 맡기기도 곤란해진다. 결국 담당자를 그대로 두기도, 바꾸기도 어려워진다.

직원들 입이 무거우냐 안 무거우냐는 물론 그 개인의 성품에 달려 있지만 성품과 상관없이 그 사람 입을 무겁게 만들 수도 있고, 가볍게 만들 수도 있다고 생각한다. 그 사람과 내가 동일한 목표를 같이 추구하는지에 따라 업무상 비밀을 대하는 자세가 달라진다고 본다. 소위 이해라는 게 일치하면 내가 말이 새어 나가는 게 겁나듯이 그 사람도 말이 새어 나가는 것이 조심스러울 수밖에 없다. 입이 저절로 무거워지지 않겠나?

반대로 나와 이해가 같지 않거나 동일한 목표를 바라보지 않으면 보안에 대한 생각이 달라질 수밖에 없다. 예를 들어 회사가 어떻게 되든, 일이 잘되든 안 되든, 밖에 나가서 '내가 이런 중요한 일 하고 있다'고 알리는 것이 더 중요하면 아무리 과묵한 사람도 얘기하기 마련이다. 또 직원 입장에서 보았을 때 옳지 않은 일인데 괜한 혹사를 당한다는 생각이 들거나 '내가 뭐 하러 이런 회사를 위해 이러고 있나?'라는 생각이 들게 하는 경우에는 비밀을 지키기보다는 내 입장이 앞설 수밖에 없다.

그러니 보안 문제는 우선 이해를 같이하는 노력을 내가 얼마나 했는가, 그리고 동일한 목표나 공동선을 바라보고 있는가에 달린 일이다.

선택의 문제겠지만 나는 웬만하면 일을 둘러싼 정보를 많이 공유하는 쪽에 속한다. 보안 문제로 말썽이 나는 거나, 안 가르쳐줘서 그르치는 거나 확률은 같다고 생각하기 때문이다. 물론 직원한테 '이거는 새어 나가면 큰일 나는 거다, 일이 잘되면 이렇게 해서 잘되는 거고, 못되면 이렇게 해서 못되는 건데, 그러니까 말하면 안 된다'고 얘기하지만 결국에는 믿는 수밖에 없다. 믿지 못해서 제한된 정보만 주면 일이 비효율적으로 진행되거나 내가 믿지 못하는 만큼 구성원도 나를 리더로 따를 이유가 없어진다. 그러니 결과는 마찬가지다.

아무리 내가 이렇게 생각을 해도 리더들 중에는 구성원한테 충분한 정보를 주지 않는 경우가 있다. 심지어 보안 문제와 상관없이도 자기가 시킬 일만 부하에게 이야기하는 리더들이 있다. 그러면 나는 불러다가 타일렀다. 부하 직원한테 충분한 정보를 설명하는 것은 당신 선택이 아니라 의무다, 이걸 제대로 안 해서 결과가 잘 안 나오면 그건 당신 잘못이라고 분명하게 얘기를 한다.

하지만 내게 그 상황을 알린 부하 직원 입장에서는 자신이 고자질한 것 같아서 힘들어질 수도 있다. 사정이 그런 경우는 그 부하 직원더러 직접 상사에게 "정보를 주셔야 일을 하지, 정보를 주시지 않으면 일을 못 하겠습니다"라고 정식으로 어필을 하라고 했다. "일이 안 돼서 곤란해지나 종국에 내가 개입해서 곤란해지나 어차피 마찬가지다, 자네가 더 잃을 게 뭔가?"

그래도 알려주기가 곤란한 정보들이라 설명 못하고 일을 맡기는 경우가 있다. 그런 경우는 내가 책임을 져야 한다. 정보를 다 모르고 처리한 직원에게 책임을 물을 수는 없다. 효율적인 업무 처리를 기대할 수도 없다. 어쩌겠는가? 그 모두의 빈자리를 내가 채워야 한다. 내 입장에서는 시간과 노력이 더 들고 힘이 드는 것은 분명하다. 비밀 유지를 위한 비용을 내가 지불하는 것이다.

맥킨지가 처음 우리 회사와 일을 하러 들어왔을 때의 일이다. 회사를 제대로 이해해야 효율적으로 일을 할 수 있다고 하길래 어디까지 알고 싶냐고 물었다. 그랬더니 많이 알수록 돕기도 쉽고 제대로 된 권고안을 낼 수 있다고 했다. 그래서 회사 상황을 있는 대로 다 까발리는 정도의 정보를 줬다. 그랬더니 거꾸로 컨설턴트들이 당황했다. 그동안 자문을 했던 어떤 회사에서도 이렇게까지 민감한 정보를 단번에 모두 내놓는 경우는 없었다고 했다. 그래서 내가 말했다. "자, 이제 그럼 내가 물귀신이 될 겁니다. 제대로 안되면 당신네 회사의 명성까지 물속으로 끌고 들어갈 겁니다. 그러니 죽으나 사나 같이 살고 같이 죽어야 합니다."

이 이야기를 웃으며 주고받긴 했지만 나는 정말 진심이었다. 그리고 그들도 내가 진심인 것을 알았다. 결과는 한 몸처럼 제대로 해서 결과를 낸 컨설팅 회사와 클라이언트 관계의 모범 사례가 됐다.

내일은 지옥으로 만들지 말자

매일이 지옥 같은 친구들 꽤 있으리라 생각이 든다. 버려야 할 과거의 습관을 강요하는 리더가 많기 때문이다. 나도 그렇게 되는 데 일조하지 않았을까 두렵다.

오래전 트위터(현 X)를 열심히 하던 시절에 먼 지방에 사는 어린 고등학생과 친구가 됐다. 그 친구가 자라서 어른이 되어 회사를 들어가서는 메일을 보내왔다.

아저씨!
저…… 이런 상황에선 어떻게 해야 할지 궁금해요. 걱정하실까 봐 부모님께는 도저히 말씀을 못 드리겠는 거 있죠?
제가 최근에 한 회사에 입사했는데…… 생각보다 큰일이 있어요.
법인장이랑 세일즈가 결탁해서 비리를 저질렀는데…… 회사에 아주아주 큰 손해를 끼친 사람들인데도 너무 당당하게 큰소리를 치고 있어요. 차마 입에 담지 못할 욕도 많이 하구요.

신입 사원임에도 불구하고, 제 바로 위에 계시는 부장님이랑 같이 잘못된 점을 바로잡기 위해서 그분을 도와드려야 하는 상황인데…… 사내 정치가 얽혀 있어서 저도 그렇고 저희 부장님도 많이 힘들어하세요.

속으로는 바른 길로 걸어가면 되겠지, 아무리 지탄받아도 타협하지 말고 묵묵히 걸어가자,라는 생각으로 도전하고 있고, 또 어느 회사에서나 이런 일이 발생할 수 있는 거니까 좋은 경험이라고도 생각은 해요. 이런 상황에서 어떻게 하는 게 제일 현명한 방법일까요?

참 어려운 질문이었다. 노회한 어른의 방식으로 대처하라고 하면 그 젊은 영혼을 썩게 만들 것 같았고, 원칙대로 답을 하면 어린 친구가 겪을 고초가 감당이 안 됐다. 한참을 고민하다 답을 보냈다.

옳은 길을 택하는 것이 쉽지 않을 거야. 그렇지만 지금 하는 결정이 너의 미래에 대단히 큰 영향을 가할 거다.

현실과 타협해서 불의를 받아들이면 그 자체를 현실이라고 합리화할 수 있을지 몰라. 앞으로 오늘 일을 합리화하느라 불의 자체를 애써 무시하며 살아가게 될 거다. 이번 한 번으로 끝나는 것이 아니라 계속해서 너를 따라다닐 거야.

반대로 타협하지 않으면 현실이 쉽지 않을 거다. 그러나 괴로워 울고 있을지언정 거울에 비친 자신을 보았을 때 부끄럽거나 스스로 혐오스럽진 않을 거다.

어느 쪽으로 가든 어려움은 있을 텐데 어느 쪽 어려움을 택하는 게 맞을까? 지금 어려움을 겪더라도 옳은 길을 택하는 것이 맞다. '큰 사람'까지 갈 것 없이 '옳은 사람'이 되는 길을 택하거라.

다만 불의와 타협하지 않되 먼저 총대를 매는 일은 안 하는 것이 좋다. 예를 들면 네가 혼자 앞장서서 고발부터 한다든지, 싸우는 일은 신중해야 해. 왜냐면 아직 경험이 없는 신입이니까.

얼마 안 가 답이 왔다.

네! 신중하게 윗분 도우면서 서서히 배워가야 할 것 같아요.
고민이 많이 덜어졌어요…… 감사합니다!

내가 제대로 조언을 해준 것인지 불안했다. 웬만한 일은 감당할 수 있는 내 처지에서 쉽게 한 말로 들리진 않았을까? 오랫동안 돌아보곤 했지만 역시 같은 답을 주는 것이 맞다는 결론으로 돌아왔다.

내게도 되돌아가 지워버리고 싶은 과거가 있다. 나도 용기가 없어 말 못할 때가 많았다. 하지만 세월이 흐르며 점점 옳고 그름에 타협하지 않는 길에 조금씩 확신이 생겨가기 시작했다. 그러면서 현재의 내 자신이 덜 미워졌지만 한편으로는 지나간 과거의 내가 더 미워지기도 했다. 그래서 젊은이들에게 지금은 자신 있게 말한다. 현실이 지옥이더라도 내일까지 지옥으로 만들지 말라고.

내 사람은 누구일까

"인맥 만들기에 관해 여쭤볼게요. 삶에서 내 사람을 만든다는 말을 많이 하는데요. 인맥 넓히는 문제에 대해서 부정적인 사람들도 있어요. '왜 일부러 인맥을 넓히려고 하는가?' '인맥을 넓히지 않아도 좋은 관계를 유지하는 몇 명과 세상에서 중요한 일을 할 수 있지 않은가?'라고 하는 사람도 있는데, 인맥에 대한 회장님의 생각이 궁금합니다."

간담회에서 받은 질문이다.

나는 인맥 쌓기를 할 줄 모른다. 사람 이름도 잘 기억을 못한다. 게다가 어느 사람이 누구와 사돈이라거나, 누구와 누구는 동창인데 중학교는 다르고 고등학교만 같이 다녔다거나, 그 친구가 어디에 다닐 때 누구랑 같이 일했는데 그때는 상사였으나 사이가 나빠져서 이젠 윗사람 대접 안 한다거나, 이런 남의 신변 정보를 도대체 기억하지 못한다. 그래서 서운하다는 소리도 많이 들었다. 기억을 잘 못하는데 인맥이 쌓아지겠나? 당연히 어렵다. 흔히 마당발이라고 하는 사람들의 방식을 나는 도저히 따라갈 자신이 없었다. 나는 MBTI도 E로 시작하는 외향적인 사람이지만 사람에 대한 정보를 잘 기억하지 못한다.

인맥이 두텁다 또는 인맥을 쌓는다, 인맥을 확장한다 등의 말들이 자주 쓰인다. 선입견이 많고 계층의식이 강한 사람일수록 주변엔 좋은 사람이 적다. 타인을 내게 도움이 되는 사람과 도움이 안 되는 사람으로 구분하고, 사귈 만한 사람, 어울릴 만한 급이 되는 사람과 급이 떨어져 가까이할 필요가 없는 사람으로 구분 짓는다. 그리고 자기의 사회적 위치를 확인하는 데 도움이 되는 사람만 사귀려 한다. 어떤 이유에서든 목적을 가지고 사람을 구분 지어 의도적으로 가까이하려는 사람이 성공하는 경우는 그다지 보지 못했다. 왜냐하면 그 사람의 상대방들이 모두 바보가 아니기 때문이다.

인맥에서 광맥처럼 노다지가 쏟아지는 경우도 별로 보지 못했다. 많은 역량이 요구되는 복잡한 사회에서 자기 혼자서 모든 것을 해결할 수 없다. 그러니 남의 역량을 빌려다 잘 쓰는 사람이 유능한 사람이다. 그러나 이건 협업이다. 의도적 인맥 쌓기보다 협업의 경험을 공유하는 것이 답이라고 생각한다.

"저도 회장님 처지라면 남의 도움 안 받고 살 수 있으니 인맥 따위 신경 안 쓰겠어요."

이런 이야기도 들었다. 일부 사실일 수 있다. 하지만 나는 타고난 성격이 신세 지는 일을 하지 못한다. 그러니 언젠가 신세 질 통로가 필요할 때를 위해서 인맥을 미리 의도적으로 쌓아나간다는 것은 도저히 할 수가 없다.

아는 사람이 많긴 많다. 사람을 알아가고 사귀는 것은 좋은 일이다. 호기심이 넘치고 워낙 사람을 좋아하다 보니 이런저런 만남이 많고 친구도 많다. 직업, 연령, 성별 가리지 않고 사람을 사귄다. 게다가 이제는 SNS로도 쉽게 친구가 되고 그 인연을 오래 유지한다. 하지만 필요에 따라 일부러 인맥을 쌓지는 않는다.

"그래도 내 사람은 많을수록 좋지 않나요?"

소위 '내 사람'이라는 표현을 굳이 써서 묻는다면, 내 사람이라 칭하는 관계는 동반을 전제로 한다고 답하고 싶다. 삶을 살아가는 데 공유하는 것이 많은 사람들이라는 뜻이다.

누군가를 내 사람이라고 해도 되는가 안 되는가가 모호한 경계선에 있다면 동반의 관계에 있는지 불분명한 것이다. 단순한 거래의 관계인가, 필요에 의한 관계인가, 아니면 그냥 알고만 지내는 사이인가. 이럴 때는 내 사람이라고 안 그러지 않겠나.

내 곁에 늘 한결같이 있는 사람들이라고 다 편안하지만은 않다. 살다 보면 그렇게 가까운 사이에도 시기심이나 내 욕심 때문에 미워지기도 한다. 그래도 동반자라고 생각한다면 배려하며 공유하는 삶을 유지하려 노력해야 한다. 그러지 못하면 사람은 많아도 정작 내 사람은 없어지는 법이다. 내 사람이 없으면 고독해지고 점점 삶에 실수가 많아진다. 실수가 많아지면 사람들은 더욱 떠나간다.

소위 잘나가는 자리에 있다가 자신을 돌아볼 줄 몰라서 실수를 반복하다 나이 들어 손가락질받고 내 사람은 아무도 남지 않는 가엾은 사람들이 있다. 젊어서 미리 주변을 돌아보는 것은 꽤 중요한 투자다.

기회는 오늘에 있다

"회장님의 커리어 관리법을 알고 싶어요. 가르쳐주세요."
"나 그런 거 모르는데."
"아니 그래도……."
"그런 거 모르니까 스물일곱에 이 회사 들어와서 지금까지 짱박혀 일했지."
"아, 좀 도움이 될 만한 말씀을 해주세요."
"나중에 뭐라 하기 없기다."

사실 나는 그런 거 모른다. 그렇지만 돌아보면 일관성 있게 해온 흐름이 있긴 하다. 무엇보다 작은 일들을 열심히 했다. 원대한 목표를 가지고 내 커리어를 어떻게 해서 다음에는 어떻게 되겠다는 것도 물론 필요하겠지만, 아무리 계획을 세워도 그대로 안 되는 것이 삶이다. 나도 작든 크든 이런저런 목표를 세우기도 했지만, 목표 자체가 없는 경우가 더 많았다.

나는 매사에 죽어라 성실한 인간은 아니다. 단지 안 했을 때 돌아올 후회가 무서웠다고 해야 하나. 매번 그렇게 하다 보니 그 작은 일들이 자꾸 쌓이면서 점점 나에 대한 신뢰가 커지고 기회가 찾아왔다. "뭘 좀 아네? 일 시켜놓으니까 잘하네?" 이런 느낌이 전해져오는 것은 참 기분 좋은 일이었다.

점점 일이 늘어나기 시작했다. 회장의 이복동생으로 고민 끝에 발을 들여놓은 회사는 내게 안전하고 보장된 곳이 아니었다. 여기 들어온 것이 과연 잘한 일일까? 늘 그 결정에 자신이 없었다. 성씨가 같아 오너 일가로 분류되었지만 처음 들어왔을 때 나는 아무것도 보장된 것 없는 처지였다. 남의 회사보다 잘릴 확률은 낮지만 일하는 나로서는 스스로를 증명해야 하는 처지였고, 내게 일을 시키던 사람들도 '내치지는 않겠지만 일하는 것 봐서 앞날 정하자' 정도였다.

회사 동료들에게 "원대한 미래도 좋고, 과거에 대한 반성도 좋지만, 과거는 돌아가서 고칠 수 없고, 미래는 미리 가서 볼 수 없다. 성실한 현재가 쌓이면 거기서 볼 수 있는 미래의 기회도 많아진다"라고 항상 강조하던 것은 내 경험에서 하는 이야기였다.

그래서 성실한 지금, 성실한 오늘을 꾸준히 쌓아나가는

것이 커리어의 첫 번째라고 늘 이야기한다. 그래야 기회가 찾아오고 보이는 것도 많아진다. 다짜고짜 큰 비전이나 목표를 이룰 수는 없는 법이다. 미래가 무엇인가에 의해 영향을 받는다면 그것은 오늘 무엇을 어떻게 하느냐에 달려 있다. 다시 말하면 미래를 바꾸는 것은 오늘만 가능한 것이다. 사십대에 보는 세상이 삼십대에 보는 세상보다 훨씬 넓다. 조급하게 목표부터 정하려 하지 말고 성실하게 주어진 일들을 해가되, 넓게 보려 눈과 귀를 열고 살아가다 보면 "어, 이제 이런 것이 보이네" 하며 변해가는 자신이 대견해지는 날이 온다.

신입 사원일 때는 매사가 자신 없고 조심스럽기 마련이다. 이해는 하지만 쫄지 말라고 이야기한다. 쫄아 있다고 신중해 보이지도 않고 쫄아서 조심한다고 실수하지 않는 것도 아니다. 실수할까 봐 쫄면 유능해지나? 당연히 아니다. 쫄지 않는다고 경솔하거나 무례해 보이지도 않는다. 그러니 쫄지 말고 주어진 일 차분하고 성실하게 하면 되는 것이다.

회사에 들어가면 단순 반복 업무부터 주어진다. 당장 아는 게 없는 신입에게 큰일을 맡길 리 만무하지 않은가. 그렇게 시간이 흐르고 경험도 쌓여가면 처음에 어렵던 일들이 수월해지기 시작한다. 문제가 터져도 자꾸 경험하다 보면 웬만한 문제에는 더 이상 겁먹지 않게 된다. 일도 익숙하고 문제 대처에도 능숙해진다. 하지만 이런 익숙함이 쌓인다고 비전이 보이고 기회가 눈에 띄는 것은 아니다. 익숙해지는 것 자체가 발전은 아니기 때문이다. 익숙해지는 것만으로는 그 익숙한 일을 뛰어넘을 수 없다.

결국 익숙해지면서 얼마나 생각을 하느냐에 따라 역량이 달라진다. 익숙한 일이라도 끊임없이 질문을 던져가며 생각하는 사람이 점점 더 큰일을 하게 되는 것을 많이 보았다.

원대한 그랜드 플랜을 가지고 가는 사람이 있는가 하면, 살다가 보이는 기회를 잡는 사람도 있다. 어느 쪽이 정답이라고 단정할 수는 없지만, 내 경험으로 이야기하자면 주어진 일을 성실히 하다 보니까 기회가 보였다.

농땡이 치거나 대충 하는 것은 내 성격과 맞지 않았다. 최소한 성실성에 대해 지적받은 적은 없다. 오히려 지나쳐서 항상 비난받았다. '그건 다음에 하시죠' '아이, 그렇게까지 안 하셔도 돼요' 주로 그런 얘기를 듣는 편이었다. 툭하면 미뤄버리기 잘하던 학생 때와 비교하면 천지개벽에 가까운 변화다.

문제는 이렇게 성실한 사람의 상당수가 번아웃되는 잠재적 리스크를 갖고 있다는 것이다. 젊었을 때의 나는 심지어 번아웃도 자랑이었다. 뭔가 해낸 것 같았고 나를 이겨낸 자신이 한없이 대견해 보였다. '더 이상은 할 수 없구나. 내가 진짜 다른 누구보다 일 많이 했다' 이러면서 손 하나 꼼짝 못 하고 지쳐서 널브러져 있다 보면 몸은 죽겠는데 정신은 굉장히 만족스러웠다.

그러다 나이가 들며 그 비용을 한꺼번에 지불했다. 건강이라는 비용으로. 온몸이 다 망가져버렸다. 번아웃은 자랑이 아니었다. 번아웃되지 않고 살아가는 방법을 택해야 했다. 번아웃이 될 정도로 몰두하는 것은 미련한 투자나 마찬가지다. 젊어서 성실하게 일한 대가가 나이 들어 편안함으로 돌아와야 하는데, 젊어서 한 과투자가 나이 들어 살아 있을지조차 모르게 되는 우둔한 결과로 돌아오는 셈이다.

본인이 인정욕구가 크거나 성취에 대한 열망이 크면 그럴 수도 있는 일 아니냐고 누군가 내게 말했다. 그래서 번아웃돼서 희열을 느끼면 해야 된다고 했다. 말려도 안 되는 것을 너무 잘 알기 때문이다. 내가 정당하게 노력한다는 당위성에 성취감이라는 보상이 혼합되면 누구도 말리기 어렵다는 것을 내가 너무 잘 안다.

번아웃이 되더라도 꼭 빠른 발전을 해야겠다면 하는 수밖에 없다. 개인의 선택이라고 존중해줄 수 있다. 그런데 문제는 인정도 받지 못하고 그냥 내 자리에서 요구받는 일을 하기 위해서 번아웃되는 것이다. 성장을 위한 자발적 번아웃은 개인의 선택이지만, 생존을 담보로 강요받는 비자발적 번아웃은 뒤도 돌아보지 말고 버려야 맞다. 그렇게 강요하는 주체가 조직일 수도 있고 사람일 수도 있다. 직원들의 어두운 얼굴이나 고단한 모습을 보면 가슴이 철렁 가라앉곤 했다. 비자발적 번아웃이 만연하면 능력 있는 직원부터 떠나버리기 때문이다. 아무리 나는 좋은 생각을 갖고 있다고 해도, 조직 내에 그런 일이 일어난다면 내 무능이다. 일하는 방식이든 조직 관리든 목표관리든 뭐가 됐든 비효율적이고 시원치 않아 구성원이 고생을 떠안는 것이다. 그러니 변명의 여지조차 없이 다 내가 못한 탓이다.

아무 생각 없이 저녁 6시에 메시지를 보내서 지시하는 간부들을 보면 참지 못할 만큼 화가 났다. 왜 그랬느냐고 따지면 그렇게 할 수밖에 없는 이유를 댄다. 하지만 정말 어쩔 수 없는 일인지 아닌지는 누구나 안다. 직원이 퇴근하는 꼴을 습관적으로 못 보는 간부들이 있다. "약속 있어? 나는 당신 나이 때 11시 전에 나가본 적이 없어." 심지어는 자기 일하는 모습을 윗사람에게 보이기 위해서 팀원들 다 앉혀놓는 간부도 있다.

휴가 한번 제대로 가지 않고 일했다는 것은 자랑이 아니다. 더구나 임직원의 대다수가 이렇게 말하는 조직은 문제가 심각하다.

사회가 급변하고 옛 습관과 새로운 방식이 혼재하는 시대이니 이런 일들을 보고 '문화가 바뀌어야 한다'고 좋게들 이야기한다. 하지만 조직을 이끌고 있는 사람의 입장에서는 바뀌어야 하는 것은 문화가 아니라 리더가 극복해야 하는 책임이다.

젊은이들의 세상

젊은이들과의 만남이 있었다. 질의응답 형식의 간담회에서 첫 질문이 주어졌다.

"요즘 AI 발전 속도와 변화를 보면 우리의 미래는 불확실성이 너무 큰 것 같습니다. 회장님의 생각을 듣고 싶습니다."

가장 흔히 받는 질문 중 하나였다.

얼마 전 친구와 일본 갔던 일이 생각났다. 요즘은 입국 신고서와 세관 신고서를 쓰지 않고 사전에 발급된 QR코드를 리더기에 입력하는 것으로 절차가 간단해졌다. 그런데 친구가 이 QR코드에 익숙지 않았다.

"아, 신고서 안 썼네."

"그 QR코드 받아 온 것 있잖아. 그거면 되는 거야."

여권을 대서 스캔하는 기계 옆에 QR코드 리더가 있다. 여권을 제대로 대지 않아 오류가 났다. 그래서 다시 스캔하려다 보니 이번에는 스마트폰 화면이 꺼졌다. QR코드가 읽히지 않았다. 다시 스마트폰 화면을 켜니 이번에는 여권이 떨어지며 오류가 났다. 이런 사달을 5분 이상 겪고 나서야 통과가 됐다. 그 일화를 이야기해주니 모두 웃는다.

요즘 젊은이들은 스마트폰으로 처리하지 않으면 생활이 불편할 정도로 QR코드가 일반화되어 있다. 우리 세대는 아직 그 보편화된 현실마저 따라가기에 급급하다. 그런데 그런 내게 미래의 불확실성에 대한 조언을 구한다. 젊은이들의 '오늘'도 따라가지 못하는데, 그들의 미래를 이야기하라니 이 얼마나 모순인가?

우리가 젊은이들의 미래를 위하여 무엇을 할 것인가에 대한 답은 너무도 확연하고 간단하다. 우리가 알지 못하고 짐작조차 못 하는 그들의 세상은 그들에게 맡겨주어야 하는 것이다. 우리가 무엇을 할 것인가를 논하지 말고 어떻게 하면 젊은이들에게 더 빨리 이 세상을 맡겨줄 수 있는가를 생각해야 한다.

더 빨리 그들에게 주도권을 넘겨주려면 우리는 무엇을 해야 하는가, 그 과정에서 준비해야 할 것은 무엇인가. 이렇게 논의의 주제가 좁아져야 한다. 그리고 실제로 넘겨주기 위한 구체적 준비를 시작해야 한다. 아직도 우리가 먼저 경험했으니, 아이들을 키우고 이끌어야 한다는 망상은 버려야 한다. 우리의 경험은 미래에는 쓰임새가 없는 것이 대부분이고, 우리가 몰라서 헤매는 불확실성의 상당 부분은 젊은이들에게 이미 일상임을 자각해야 한다.

젊은이들도 어른에게 묻기보다 어떻게 어른들로부터 자신들의 세상을 받아올 것인가, 그리고 그 세상을 어떻게 만들어갈 것인가 구체적인 생각을 시작하기 바란다.

정치는 자기 목소리를 내는 것

"투표했어?"
"아뇨, 아직."
"당장 가서 해."

"투표했어?"
"찍을 사람이 없어서 안 할래요."
"그럼 아예 다른 나라로 가지?"

선거철이 될 때마다 자식뻘 젊은이들과 나누는 설전이다. '시간이 가면 나아지겠지' 하고 희망을 놓지는 않지만, 젊은이들 이야기를 듣다 보면 가슴이 아파온다. 특히 미래를 이야기할 때 그렇다.

우리 세대는 우리를 바라보는 젊은이의 눈을 제대로 의

식하지 못했다. 그러기에는 우리가 이룬 것만 자랑스러웠고, 우리가 가진 것들을 내려놓을 생각조차 못 했다. 교만했고 무지했다. 고통이 비명이 되어 울려오기 시작하자 그제야 허둥지둥 젊은이들을 달래려 했으나, 그마저도 젊은이의 삶에 대해 철저하게 무지한 상태에서 짐작한 대로의 이야기만 했다.

젊은이들은 우리가 늘어놓는 허망한 이야기를 들을 때보다 우리의 삶 자체를 보고 절망했다. 그리고 변하지 않고 그 자리에 머물며 아무것도 제대로 해주지 못하는 우리를 외면했다.

'개저씨'도 그래서 태어났고 '이생망'도 그래서 태어났다. 그러니 뭐라 하겠는가? 미안하다고 해야 하고 이제 앞날은 젊은이들이 맡아야 한다고 해야 한다. 그리고 실제로 그들에게 맡겨야 한다.

한편으로 젊은이들에게 당부하고 싶은 말은 정치에 참여하라는 부탁이다. 정치에 참여하라는 것은 정치권에 들어가 정치를 하라는 의미가 아니다. 국민으로서 바라보는 큰 그림을 외면하지 말아야 한다. 자신이 사회와 국가를 움직이는 힘의 일부라고 생각해야 한다. 이 나라를 움직여가는 일에 관심을 갖고 자기 목소리를 더 적극적으로 내라는 뜻이다.

요즘은 SNS와 유튜브 같은 통로도 있다. 사이버 공간에서 같은 생각을 가진 사람끼리 쉽게 모이기도 하고 다른 생각을 가진 사람들과 논쟁도 한다. 이럴 때 구경만 하거나 말 트집을 잡는 일에 몰두하지 말고 내 의견을 작게든 크게든 내어놓는 것이 중요하다. 그렇게 생각을 나누고, 동의하거나 논쟁하면서 내 의견이 형성되고 결국 이 생각과 결정들이 투표를 통해 나랏일에 직접적으로 반영되는 법이다.

항상 그래왔다고 하더라도 젊은이들의 낮은 투표율을 그러려니 지나갈 수가 없다. '헬조선'이라고 현실이 어려울수록 투표에 참여해야 한다. 우리 세대는 젊은이들보다 가진 것도 많은데 더 지키겠다며 투표하러 가고, 젊은이들은 희망이 없다고 하면서도 투표하러 가지 않는다면 뭔가 잘못된 것이다. 우리는 염치없고, 젊은이들은 태만한 것이다.

그래서 정치에 참여하라고 한다. 내가 젊은 날 돌아보며 느끼는 후회를 따르지 않았으면 좋겠다는 생각에서다. 이 나라의 국민이면서 정작 중요한 나랏일을 '그건 정치야'라고 한마디로 정의하며 외면해버린 날들이 후회스러울 때가 있다.

국민의 한 사람이라면 당연히 내 일이기도 하니 방관자일 수가 없다. 그런데 나는 자주 방관했고 시니컬하기만 했음을 뼈저리게 반성한다. 이제는 하려고 해도 너무 늦었다.

내가 목소리 내기보다 젊은이들의 이야기를 더 들어야 하고, 젊은이들의 목소리가 더 나오게 돕는 것이 후회를 씻는 길이라는 생각이 든다.

2

조금만 더 알려고 하면

미사 시간 되기를 기다리며 줄을 서 있었다. 맞은편 마당 건너 구석에 있던 한 남자가 우리 쪽으로 왔다. 해가 내리쬐는 방향 탓에 우리 쪽에만 그늘이 져서 그런 듯싶었다. 배낭을 내려놓더니 풀썩 바닥에 주저앉는 차림새가 남루하다. 노숙과 급식소를 오가는 사람의 모습이다. 앉더니 신발을 벗고 새까만 발과 다리를 편다. 한눈에 보아도 더위에 지친 기색이 역력하다. 명동성당에는 노숙인 급식소가 옆에 있어 끼니를 때우러 오는 사람들을 만나는 일이 흔하다.

그런데 내 뒤에 서 있던 중년 넘어선 아주머니가 계속 혀를 찬다. "아니 저런 사람들 여기 못 들어오게 좀 해야지." 듣다 못해 뒤돌아보았다. 별로 평화롭지 않은 내 시선과 마주치자 오기가 솟는지 기어이 그 사람을 향해 한마디를 한다. "아저씨! 여기서 그러심 안 돼요!"

나도 더 이상 그 아주머니를 지켜만 볼 수 없었다. 조용히 예의 바르게 한마디 했다. "그러지 마세요. 성당마저 저분이 마음 편히 쉬지 못할 곳이면 안 될 것 같은데요." 그러고는 그분에게 다가갔다. "괜찮아요. 쉬다 가세요." 말없이 껌뻑거리며 쳐다만 보다 억울하다는 듯이 입을 연다. "여기 아래 점심 먹는 데 있다고 해서 왔어요. 그냥 오면 된다고 들었는데……." "네, 알아요. 쉬다 식사하고 가세요."

다시 줄로 돌아오며 황소를 맨입으로 뜯어 먹을 듯이 눈을 부릅뜨니 기가 질린 그 아주머니가 암말도 못 한다. 사실 돌이켜 보면 나도 그랬다. 길거리에서 노숙인을 보면 피하는 것이 보통이었고 서울역 광장에 노숙인들이 눈에 띌 때는 "아니 시에서는 뭐 하고 있나? 광장이 깨끗해야 시민들 이용하기 좋을 텐데 왜 방치하나?" 볼멘 푸념도 했다. 지금 돌아보면 가슴이 묵직하고 그런 말을 했던 내가 한심하다.

왜 그랬을까? 지금은 왜 안 그럴까? 생각해보면 답은 하나다. 관심이다. 관심이 없고 알지 못할 때는 눈살이 찌푸려지는 불편일 뿐이었지만, 관심을 갖고 알아가기 시작하니 이젠 그 현실이 가슴 아프다. 미관이나 시민의 불편보다는 그분들을 재활과 안정적인 주거로 인도하지 못하는 취약한 사회안전망이 안타까울 뿐이다. 겨울이 되어 기온이 영하로 내려가면 그 주변을 지나칠 때마다 이 추위에 어쩌나 싶어 마음을 졸인다. 이렇게 변한 것은 그사이 성직자가 된 것도 아니고 도덕적으로 훌륭한 사람으로 개선된 탓도 아니다. 관심이 생기고 그들에게 가까이 간 까닭이다.

비단 이런 일뿐 아니라 주변에서 흔히 일어나는 갈등의 경우에도 그랬다. 상대에게 관심을 갖고 보면 무조건 적대시하고 멀리할 때보다 화가 덜 났고 그쪽이 내게 가진 생각도 조금 더 가늠할 수 있었다.

갈등이 있을 때 상대가 밉고 근처에도 가기 싫은 것이 인지상정이지만 그래도 조금만 들여다보고 관찰을 하면 내게 솟았던 많은 감정이 누그러진다. 밉거나 불편할 때는 적개심을 키우고 공격할 생각부터 하지 말고 상대에 대해 알려고 하는 편이 좋다. 적어도 나는 그렇게 해서 내 마음의 평화를 찾을 수 있었다.

음식에 숨겨진 건

"이 대파 어떻게 썰어드릴까요?"
"어슷썰기 해주세요."

 대파가 한 아름 쌓여 있다. 한 움큼 썰기 시작하는데 끄트머리가 다 갈라지고 힘이 없는 것이 별로 좋지가 않다. 예전 어느 수녀님께 배운 대로 과감하게 시원치 않은 부분을 잘라냈다.

"대장님, 이거 버리자니 좀 주저돼요."
"아냐, 그냥 잘라버려. 내가 여기서 음식 할 때 기준이 있어."
"기준이 뭐예요?"
"음…… 내 할머니 밥상 차린다고 생각하면 대파 그 부분 안 쓸 거 같아."

그 한마디에 다 알아듣겠다는 표정으로 웃으며 다시 작업을 한다. 이젠 그 봉사자도 주저 없이 나쁜 부분을 잘라내 버린다. 할머니 할아버지 반찬을 만드는 날에는 항상 그렇게 생각한다. 기증받은 빵도 할머니들 입에 불편할 것 같거나 판매하고 남은 것은 받지 않고, 철이 늦어 어쩔 수 없는 야채라면 주저되는 부분은 과감히 잘라내 버린다. 나쁜 부분을 잘라내고 나면 반도 안 남는 경우도 허다하지만 내 할머니에게 드리지 못할 수준의 음식을 쓸 수는 없다.

남을 돕는 일을 할 때 나는 주는 사람이고 당신은 받는 사람이니 내가 베푼다는 생각은 위험하다. 나는 밥상에 올리기 불편한 먹거리라도 없어서 힘든 사람은 먹어도 괜찮다는 발상은 당치도 않은 것이다.

불량한 음식은 누구의 몸에나 해롭다. 그래서 국가가 법적 기준을 마련해서 단속하고 관리한다. 물론 어려운 분들이 굶주림에 못 이겨 불량한 음식임을 알면서도 할 수 없이 살기 위해 먹을 수 있다. 하지만 그것은 생존을 위한 그분들의 절박한 결정이다. 제공자 입장에서 가난하니 그런 음식이라도 주어야 한다는 논리는 전혀 사리에 맞지 않고 교만에 가깝다.

지금도 주방에 들어설 때마다 늘 예민하다. 조금이라도

모자라는 수준의 음식을 소외된 이웃에게 전하는 일은 없어야 한다는 생각에 신경을 곤두세운다. 이런 기본적인 평등의 신념을 지키지 못한다면 봉사라는 활동을 할 자격이 없다.

음식과 위생의 문제인 듯하지만 그 타래를 따라 들어가면 맨 안쪽에 자리한 것은 결국 평등에 대한 태도 문제다. 주는 입장, 받는 입장, 가진 입장, 모자란 입장, 우월한 입장, 열등한 입장, 모두가 갑과 을이거나 우와 열의 문제로 나누기 쉽다. 하지만 그 뒤에 숨겨진 근본, 모두 같은 평등한 인간이라는 점을 기억해야 한다.

마음의 상처

몸의 상처는 치료하고 시간이 가면 낫는데, 마음의 상처는 망각될 뿐이라고 한다. 그리고 마음의 상처는 돌아볼수록 잊히지 않고 자꾸 되돌아온다. 지난 마음의 상처를 생각하는 것은 상처가 과거로 머물지 않고 현재와 미래를 망가뜨리는 것이나 같다. 이렇게 과거를 돌아보며 고통받는 현재는 전혀 생산적이지 않다.

다가오는 미래를 좋게 만들려면 우리가 할 수 있는 일은 딱 한 가지다. 현재를 잘 관리하는 것이다. 우리의 영향 아래 있는 것은 현재뿐이니까. 우리는 미래에 영향을 줄 것이라 기대하며 현재에 무엇을 하는가를 결정한다. 물론 그대로 된다는 보장은 없다. 미래를 우리 하기 나름에 따라 마음대로 만들 수 있다면 거짓말이다. 그것은 오로지 하느님만 가능하다. 그러나 미래를 위해 써야 할 현재를 과거만을 되돌아보며 망치지 말아야 한다.

　마음의 상처는 몸의 상처처럼 새살이 돋아나 없던 일로 매끈하게 만들 수 없다. 단지 그 상처로 인한 고통에서 벗어날 수는 있다. 상처를 다루는 방법을 알면 되기 때문이다. 그러면 상처가 아물지 않아도 아프지는 않게 된다.

반말 기도

"실바노 형제님은 기도 자주 하세요?"

"네, 해야 하는 기도는 하는 편입니다. 그런데 신부님, 뭐 하나 여쭤볼게요. 저는 보통 대화하는 말투로 기도를 하는데 괜찮은 거지요?"

"어떻게 하시는데요?"

"예를 들면 하느님 저 고민이 있어요. 나름 노력하는데 제 노력으로 안 돼서 죽겠어요. 이거 좀 해결해주심 안 되나? 하느님 뭐든 다 하실 수 있잖아. 아, 그리고! 내 친구 그놈은 도대체 왜 그러는 건지. 용서하려고 해도 밉살스러워서 보기도 싫은데 어쩌지? 하느님! 나 이거 잘못하는 거 맞지? 이런 식으로 어릴 적 할머니랑 이야기하던 말투로 가끔은 반말도 하며 기도하거든요."

나는 그렇게 기도한다. 훨씬 하느님과 가까워진 것 같고 편안하다. 성체조배 한 시간이 어떻게 지나가는지 모를 정도로 수다를 떨기도 하고, 있는 대로 떼를 쓰기도 한다. 이 글을 읽는 분들께도 권한다. 가장 친숙하게 편안한 방식으로 신과 대화를 하기를 권한다. 사실 영어 쓰는 사람들 모두가 반말로 기도하지 않는가.

아침에 일어나 부엌에 가니 레몬 하나가 탁자 위에 놓여 있다. 레몬은 바라보는 것만으로도 향기가 느껴진다. 다른 무엇과 비할 수 없는 그만의 향기를 갖고 있다. 즙을 짜서 음식을 만들면 그 한 접시를 놓고 싱그러운 향에 젖어 많은 세상 이야기가 오간다.

음식과 재료라는 시각에서 보면 냄새는 식욕을 자극하고 음식이 내 몸으로 들어오는 계기를 만든다. 그렇게 먹은 음식은 위장을 지나 소화 과정을 거쳐 없어지고, 남은 음식은 쓰레기가 된다. 그러나 그 모든 것이 다 떠나도 레몬의 희박한 향기는 남는다.

신의 자취도 그런 것이 아닐까.
기도와 바람과 희망과 실망과 안타까움, 미련의 모든 것들이 내 맘대로 되지 않고 지나가버려도 기도의 기억과 흔적은 남는다. 레몬의 향기가 음식이 떠나고 나도 남는 것처럼 신과 했던 대화의 기억이 내 안에 남는다.

기도를 할 때마다 내 기도를 들어주십사 호소하지만 정말 들으셨는지 확인할 길은 없고 내 기도에 응답을 주실지에 관해서도 예측은 불가능하다. 하지만 기도는 늘 내 안에 기억이라는 형태로 자취를 남긴다. 레몬의 희박한 향기같이 신을 향한 호소와 대화의 기억은 나를 조금씩 건강하게 혹은 편안하게 해준다.

참으로 서투르기 짝이 없는 신앙과 기도를 반복하며 한편으로는 과연 이게 다 무슨 소용이 있을까 의구심도 가졌다. 그러나 한결같이 실수를 반복하는 시간이 쌓이니 점점 편안해져갔다.

기도를 하기 위해서는 의심이나 덧없는 기대라는 생각들과 싸워야 한다. 아무런 의심도 딴생각도 없이 너무도 자연스럽게 기도가 올곧게 절로 이어진다면 그것은 천사의 삶에서나 가능한 일이다. 그래서 힘들게 기도가 이어질수록 기도의 소중한 의미와 평화를 조금씩 찾았다.

"하느님이 계신 것이 느껴지세요?"
신앙이 더 깊어지면 좋겠는데 그게 잘 안 된다고 대자代子*

---

* 가톨릭에서 세례를 받을 때 앞으로의 신앙생활을 돌보아줄 영적인 자녀.

중 하나가 물어온다.

"나도 곁에 계시는 것이 실감 있게 느껴지지는 않아. 그런데 말이야. 나는 학교에 있어도 엄마가 집에 계실 때 엄마의 존재에 대한 느낌과 엄마가 여행 가셨을 때의 느낌, 그리고 엄마가 돌아가셔서 하늘에 계실 때의 느낌이 각각 다르지? 바로 곁에 계셔서 그분의 행위나 존재를 사실처럼 느낄 수 있을 정도는 아니라 해도, 나는 그냥 아주 막연하지만은 않아. 그분이 내가 보지 못하고 알지 못하는 장소에 계시는지 아니면 내 곁에 오셨는지는 전혀 모르지만, 그분이 어딘가 계시기 때문에 내 마음이 늘 편안하거든. 그래서 안 계시는 것과 확연히 다른 존재감이 있어."

그러자 내 대답에 이렇게 반문한다.

"그래도 제가 불안할 때 늘 침묵하시는 하느님이 안 느껴져요."

"어릴 때 운동회 날을 생각해봐. 엄마가 스탠드에 앉아서 지켜보고 있으면 공에 걸려 넘어져도 그렇게 아프거나 불안하지 않잖아. 왜? 엄마가 지켜보고 있으니까. 엄마가 대신 공을 차주거나, 넘어졌다고 바로 달려와 일으켜주지 않더라도, 단지 지켜보는 엄마가 있다는 것만으로 내게 평화가 찾아오고 다리에 힘이 나잖아. 신의 침묵도 마찬가지라고 생각해."

진정한 우정을 나누는 친구는 침묵 속에 같이 있어도 편안하다. 그걸 알기 때문에 침묵 속에서도 삶에서 신의 존재를 느끼면 늘 평화롭다. 이 평화를 내가 사랑하는 사람들에게 더 가르쳐주고 싶다.

배신과 용서

아버지가 사주신 자전거를 타고 동네 골목길을 다니는 것을 참 좋아했다. 나는 중학교 2학년이고 동생은 초등학교 2학년이던 어느 여름날이었다. 동생이 자기도 자전거 타겠다고 졸랐다. 할 수 없이 데리고 나갔는데 집 앞에 처음 보는 아저씨가 나랑 동생을 따라다니며 말을 걸었다.

처음엔 모르는 어른이니 그냥 마지못해 대답이나 하며 자전거 타기에 집중했다. 어린 동생이 신경 쓰여 멀리 가지 못하고 골목길을 왔다 갔다 하다 보니 시야에서 그 아저씨가 벗어나질 않았다. 한두 시간이 지나도록 우리 곁을 떠나지 않으며 자전거를 이리저리 타라 가르쳐주기도 하고 돌을 주워다 늘어놓고 사이로 지나가게 하면서 놀아주니 모르는 어른을 대하는 어색함이 사라졌다.

그러다 극성맞은 동생이 집과 집 사이의 틈새로 자전거를 타고 들어가버렸다. 그 반대쪽은 자동차가 다니는 큰길인데 내 자전거는 못 지나가는 너비의 틈이었다. 다급해서 소리를 질렀는데 동생은 듣지 않고 가버렸다. 워낙 운동신경이 출중한 녀석이라 동작이 잽싸기도 했지만 겁 없는 모험심에 무슨 짓을 할지 몰라 붙어서 따라다녀야 했는데 놓쳐버렸다.

다른 길로 돌아서 가자니 너무 멀고 동생은 대답이 없으니 자전거를 버려두고라도 쫓아가야 했다. 이 광경을 보고 있던 아저씨가 다가왔다.
"내가 자전거 보고 있을 테니 얼른 동생 따라가봐라."
마음이 급해서 다른 생각을 할 겨를이 없던 나는 자전거를 놓고 뛰어가서 동생을 가까스로 붙잡았다. 돌아와보니 그 아저씨도 내 자전거도 사라지고 없었다.

누군가에게 제대로 배신을 당하는 것을 그날 처음 경험했다. 애들 안 다친 게 다행이라고 할머니는 가슴을 쓸어내리며 말씀하셨다. 도둑이니 유괴니 하는 단어가 수시로 들려오던 시절이니 할머니의 말씀이 틀린 것은 아니었지만 그렇다고 내가 받은 충격과 상처가 덜어지진 않았다. 믿은 내가 순진했다고 하지만 어른에게 생각조차 못 한 일을 겪으니 그 상처가 꽤 오래갔다. 사람에 대한 불신을 배우기 시작했다고 해야 하나.

도둑, 절도, 배신 등의 단어와 함께 그날 일은 항상 불편한 기억으로 남아 있었으니 나름 그 경험이 트라우마가 됐음이 틀림없다. 어른이 돼서도 여행을 가서 소매치기를 당하거나 물건을 분실한 적이 한 번도 없는 것은 사려 깊거나 조심스러워서가 아니라 그날의 상처 때문이라고 해야 맞을 것 같다. 그만큼 그날의 기억이 강렬했다.

아주 오랜 세월이 지난 후 신앙을 얻고 나서 그 아저씨의 행동을 가난과 연결해 생각하게 됐다. 그러자 이해하고 용서할 수 있었다. 나이 들어 성숙한 탓인지도 모르지만, 어쨌든 그날의 나쁜 기억을 편안하게 떠올릴 수 있게 된 것은 하느님 은총이다. 더 이상 그 일로 분노하거나 증오하지 않게 됐으니 작은 평화를 하나 얻은 것이다.

다른 사람은 그냥 지나치는 특별하지 않은 일이라도 신앙을 가진 사람에게는 그 속에서 하느님 손길이 느껴지는 법이다. 은총을 받고 있다고 느낄수록 왠지 든든하고 평화에 가까워진다. 주변에 끊임없이 이런저런 작은 은총들이 있다. 억지스러운 신앙의 논리라고 대꾸하는 사람도 물론 있다. 하지만 나는 은총이라 믿고 평화를 얻은 것이 부럽지 않느냐고 반문한다. 같은 일을 감사의 마음으로 바라보고 평화를 얻는다는 데 손해 볼 일은 무엇인가 생각하면 답은 분명하다.

주변을 사랑하는 일도 마찬가지다. 가깝다고 느끼는 사람이 서운하게 하면 어지간히 상처가 된다. 나도 괴롭고 서운한 감정이 감당하기 힘들고 피하고 싶었다. 그래서 아내와 자식을 빼고는 그 외 누군가에게서 베풂을 받는 일 자체가 내게는 없는 것이 당연하다고 생각을 해버렸다. 나는 베풀더라도 남에게는 애써 아무 기대하지 않고 살아가면 누구에게도 서운할 일이 없을 것 같았다.

그런데 그게 아니었다. 자식이 공부 안 하고 말 안 들으면 밉고 서운하지만, 깨끗이 씻기고 밥 차려 먹여 재워야 마음이 편한 법이다. 워낙 그놈들을 향한 사랑이 크기 때문이다.
내 식구 아닌 사람도 마찬가지다. 내가 조금 더 사랑하면 그만큼 서운함의 자리가 줄어들었다. 서운한 감정이 생겨도 자꾸 그 사람과의 좋았던 일을 떠올리며 이해하고 사랑하려 애쓰면 사랑이 조금씩 커지고 서운함은 조금씩 줄어들었다. 그렇게 점점 평화에 익숙해져갔다.

내가 힘이 있어야 용서도 쉽게 할 수 있는 법이라고 생각했다. 내가 힘이 없다는 생각이 들면 용서가 쉽지 않았다. 내가 바보 같고 지는 것 같았다. 게다가 분명 그가 틀리고 내가 맞는 일인데, 용서하면 내가 잘못한 것으로 보이거나 그가 옳은 것으로 뒤집힐 것 같기도 했다. 우리 사회에서 힘을 가진 사람의 목소리가 옳고 그름을 뒤집어놓는 일이 적지 않으니 힘없는 사람은 진실 앞에서조차 늘 불안하다. 무엇보다 진심으로 반성하거나 잘못을 인정하지 않는 상대를 먼저 용서하기는 참으로 어렵다.

그러나 내가 충분히 힘이 있다고 생각하면 용서가 쉬워진다. 심지어 사과하지 않고 잘못을 인정하지 않아도 '그까짓 거' 하고 용서해버릴 수 있다. 힘이 있으면 용서가 쉬워진다는 이야기를 거꾸로 뒤집어보면 용서하는 사람이 힘 있는 사람인 것이다. 그래서 용서를 하고 나면 힘이 불끈 생기며 거울 속 내가 꽤 괜찮은 놈으로 보였다.

나는 신앙이 있으니 하느님이 그 힘을 내게 주신다고 믿지만, 신앙이 없더라도 힘과 용서의 상관관계는 마찬가지다. 힘이 있어야 용서하는 것이고, 용서를 할 수 있으면 내가 힘이 있는 것이다. 그래서 용서를 하는 편이 용서하지 못하는 것보다 낫다는 생각을 하기 시작했다. 평생을 용서하지 못하고 속앓이를 하다 나이가 든 후에야 용서의 다른 얼굴을 보게 됐다. 이제는 가능한 한 용서를 하려고 노력한다.

신앙에 관한 이야기가 나오면 제일 힘든 주제 중 하나가 용서다. 자기 자신에게 할 수 있는 가장 못할 짓이 누군가를 미워하는 것이다. 누군가를 미워하는 것은 참으로 피곤한 일이기 때문이다. 못된 짓 저지른 그 인간 때문에 내가 내게 벌을 주는 것이나 마찬가지다.

정말 힘들지만 용서를 할 수 있으면 그것은 내가 받는 은총이다. 용서의 결과로 내가 편해지기 때문이다. 내가 용서를 해서 나쁜 놈이 받을 횡재에 관심을 끊고, 나에게 주어질 은총만 생각하면 용서가 쉬워진다. 나쁜 놈은 내가 줄 벌을 면할지 모르지만 그 벌은 대단치 않다. 인간인 내가 가하는 벌이니까.

내가 경영학적으로 용서를 배운 방법이다.

손해 볼 일이 없다

사흘째 새벽 미사에 갔다. 캄캄한 마당을 지나 성당에 들어서면 숨소리조차 내지 않는 듯 조용히 앉아 기다리는 교우들이 있다. 그 속에 머무는 동안은 이런 곳이 있나 싶게 평화롭다. 바로 문밖에 가득한 인간 사회의 온갖 추악함의 근원인 돈, 명예, 권력은 물론이고 애증과 갈등 그 모두가 의미를 잃는다. 그리고 내 마음에 목소리가 들린다.

내가 만든 마음의 목소리라 해도 그것이 하느님의 목소리라고 생각한다. 이렇게 보면 역시 신은 탁월한 소통의 대가다. 내가 내게 거짓말할 필요가 없으니 이렇게 들리는 목소리는 진실일 수밖에 없다. 그러니 늘 진실한 소통이다.

신앙을 가지지 않은 사람들은 이런 내 이야기가 답답하고 이해하기 힘들지 모른다. 절대자의 존재나 기적들을 들으면 그런 이야기 때문에 신앙이 싫다고 하는 사람들도 있다. 나도 그런 생각이 들 때가 있었으니 그 사람들을 비난하거나 무조건 틀렸다고는 하지 않는다.

하지만 그다지 손해 볼 일 없다는 논리로 이야기를 풀어가곤 한다. "그 많은 이야기가 사실이 아니라고 할 수도 있지만 당신이 그걸 믿고 신앙을 가져서 얻는 손해가 무엇일까요?"라고 묻는다. 생각하면 손해 날 일은 별로 없다. 손해 볼 일이 없으면 믿어보는 것도 좋지 않은가? 그러다가 정말 위안과 평화를 얻으면 로또보다 확률 높은 투자가 아닐까. 이렇게 얼어 있는 마음을 녹여간다.

주변 사람들에게 내가 가진 신앙을 믿으라고 권유하지는 않는다. 만나기가 부담스러울 정도로 자기 신앙을 권유하는 사람들을 보면 하느님의 뜻을 잘못 이해했구나 생각한다. 물 흐르듯 자연스럽게 찾아오는 것이 신앙이다. 단지 "내가 갖는 기쁨과 위안을 내가 사랑하는 주변 사람들도 느끼면 좋겠으니 손길을 내밀어주세요" 하고 하느님께 기도를 할 뿐이다.

대화를 시작할 때

"추석에 어디 다녀오셨어요?"
"아니 가긴 어딜 가?"
"그럼 누구 찾아오신 분 있으셨어요?"
"나야 늘 이렇게 혼자지."
"그래서 우리가 왔잖아요."
"그렇네, 고마워라."

명절 후 첫 방문 때 인사말 끝에 여쭤보고는 괜히 고독을 확인시켜드렸나 싶다. 너스레를 떨고 웃긴 했지만 얼마 안 남은 시간을 아무도 없이 홀로 살아가시는 어르신의 처지에 가슴이 무겁다.

걷다 보면 우리도 숨이 턱까지 차오르는 비탈길 구석구석 단칸방에 어르신들이 산다. 태풍이 오고 폭우가 쏟아졌다. 하지만 날씨가 험하다고 어르신들의 허기가 없어지진 않는다. 반찬 배낭을 메고 빗줄기 속에 비탈길을 오르내리면 온몸은 샤워한 듯 젖어 들고 다리가 끊어질 것 같다. 그래도 정신은 육체를 이긴다. "아유, 이 비 오는 날 힘들 텐데…… 고마워." 그 한마디에 숨이 수월해짐을 느끼고는 화들짝 놀란다.

"계세요, 어르신? 반찬 가져왔어요."
귀가 어두워 못 들으시는 탓인지 아니면 일어서기조차 힘든 무릎과 허리 탓인지 한참을 두드려도 답이 없다. 그럴 때마다 가슴이 철렁한다. 한참 만에 인기척이 들리고 어르신이 힘겹게 간신히 문을 연다.

"우리 아들이 박사야."
이조차 내리사랑이라 해야 하는가? 역시 자식 사랑은 그런 것이다. 여든을 넘긴 연세에 얼마나 힘이 드실까 조마조마하지만 정작 당신은 그 삶이 자식 없는 삶보다 더 힘들다고 여기지 않으신다.

부모와 대화가 안 된다고 호소하는 젊은이들의 이야기를 들으면 시대에 뒤떨어져 변하지 못하는 우리 세대 부모들이 참으로 안타깝다. 요즘 시대에 말도 안 되는 이야기를 강변하는 부모와 대화를 하기가 얼마나 힘이 들까 젊은이들이 십분 이해가 가고 남지만, 처절한 내리사랑을 많이 보는 나는 이 한마디만큼은 부탁하게 된다.

"무슨 언짢은 대화가 오가더라도 맨 앞에 꼭 한마디 하고 시작해. '부모님이 저 사랑하시는 것 잘 알아요.'" 그 한마디를 당부한다.

삶을 이어가던 방에서

새벽에 슬픈 소식이 왔다.

　성명: 강○○
　태어나신 날: 1941. 02. 25.

　어르신은 북한이 고향이셨다. 해방되고 서울로 이사를 왔는데 전국에 장티푸스가 돌았다. 부모님은 물론 조부모님까지 이 장티푸스로 허망하게 하늘로 떠나시고 일곱 살에 혼자 남았다.
　어린 시절을 보낸 고아원에서 나와 열일곱 살에 홀로서기를 시작했다. 구걸도 하고 토큰도 팔고 이런저런 장사를 하며 회현동에서 터전을 잡았다. 마찬가지로 홀로 자란 분을 소개로 만나 다행히 결혼을 했는데 하늘은 아내마저 자녀도 없이 오래전에 데려가버렸다.

작년에 위암이 발견되었는데 이미 말기인 상태였다. 어르신은 병원에 입원하면 답답하고 힘들다며 한사코 항암치료와 연명치료를 거부했다.

"가고 싶은 곳이나 하고 싶은 것 없으세요?" 여쭈니 "힘들어서 아무것도 허기 싫어" 하신다.

"언제가 가장 행복했던 시간이셨어요?"

"결혼해서 살았던 시간이지."

참아보려고 애를 써도 듣는 사람들 눈에 눈물이 솟는다.

결국 입원을 해야만 하는 마지막 시간이 왔다.

"집에 있으면 그나마 자네들이 일주일에 두 번 반찬 들고 오잖아. 병원에 가면 아는 사람도 찾는 사람도 하나 없어서 싫어."

내키지 않는 발길을 그 마지막 말과 함께 떼었는데 오늘 돌아가실 것 같다고 병원에서 연락이 왔다.

수녀님이 서둘러 도착했을 때는 이미 외로운 임종을 맞이하신 후였다. 수녀님도 손에 묵주를 쥐어드리는 것밖에 해드릴 것이 없었다며 안타까워하신다.

어르신께서 너무 외롭게 가신다고 의사 선생님도 혹시나 누가 오려나 사망선고를 주저하셨다고 한다. 이렇게 무연고로 떠나시는 분은 주민센터에 연락하면 장례업체가 와서 모셔 가는데 그 절차가 채 한 시간도 안 걸린다.

거의 대부분의 시간을 외롭고 힘들게 이어온 삶. 그리고 아무도 기억하지 않는 죽음.

자주 접해도 익숙해지지 않는다. 사명감에 이 일이 보람 있다고 말하기엔, 어른들의 참담한 현실에 슬픔만 가득하다.

어르신들을 위해 일을 하며 늘 마음 아픈 순간이 있다.

지금까지 모시던 분 중에 열 분 넘게 돌아가셨는데 자녀가 모셔 가면 좀 낫지만, 홀로 계시던 방에서 쓸쓸히 돌아가시는 분도 있다.

외로운 삶을 살다가 돌아가시고 나면 오래 사시던 방이 비워지자마자 기다렸다는 듯이 2~3일도 안되어 새 입주자가 들어온다. 살림살이가 없으니 치우는 것도 순식간이겠지만 그래도 한 사람이 삶을 이어가던 방이라고 생각하면 참으로 허망하다.

동네에서는 "저 방에 사람 죽었대" 정도의 이야기가 몇 번 오가고 끝이다. 그나마 "그 할머니 죽었대"라고 말하는 사람은 사시던 분이 나이 드신 할머니라는 사실이라도 아는 사람이다. 참으로 가슴이 서늘하고 먹먹한 일이다.

마음이 많이 아팠다. 그래서 떠나신 분께서 어떤 삶을 산 누구신지 기억해드리는 것이 도리라고 생각했다. 수녀님과 의논 끝에 수녀님이 시간 되시는 대로 어르신들을 방문해서 짤막하게나마 그분들 삶의 이야기를 듣고 내게 전해주시면 기록을 하고 있다.

어려운 가정에서 자라다 보니 왜 그리 골랐는지조차 모르는 남편에게 시집가고, 가서 보니 형편없이 부족한 살림이었다는 이야기가 대부분이었다. 게다가 남편들은 어김없이 술 도박 여자 중 한두 가지 문제가 빠지지 않아 원수 같은 기억으로 남아 있었다. 일찍 세상을 떠버려 오히려 다행이라 하시는 경우도 꽤 있다. 결국 어린 자식과 살아야 하는 생계를 도맡아 온갖 허드렛일을 하셨다는 분이 대다수다.

자식들도 마찬가지로 어렵게 살거나 일찍 세상을 떠나는 경우가 많았다. 가난의 대물림이 내가 생각했던 것보다 훨씬 심각함을 알게 됐다.
사정 모르는 사람들이 "젊고 육신이 건강할 때 뭐 했냐"고들 한다. 이분들을 경쟁의 낙오자로 낙인찍고 바라보는 시선이다. 그러나 내가 아는 어르신들의 삶은 그런 경쟁의 기회조차 만나보지 못한 삶이었다. 우리 사회 체제의 희생자들이었다.

절로 힘이 솟는 순간

같이 일하는 봉사자가 인스타그램에 사진을 올리며 "봉사하면서 후천적으로 선한 인간이 되어간다"라고 써놓았다. 그 마음이 고맙고 대견했지만 그를 보아온 나는 생각이 좀 달랐다. 10년 동안 이 일을 하며 보아온 봉사자들은 거의 모두가 선한 사람들이다. 단지 지나온 세월이나 당장 처한 환경이 선하지 않은 모습을 강요한 것이다.

경쟁에 시달리고 사람에 치이거나 생계라는 짐 때문에 혹사당하다 보면 절로 이기적이고 공격적인 모습이 되어갈 수밖에 없다. 그러나 본연의 선함은 어디 가지 않는다. 단지 도태의 불안에 숨을 뿐이다. 그래서 한마디를 해줬다.
"이 일이 자네가 원래 가지고 있던 선함을 꺼내준 거야."
사실이 그랬다. 마음의 선함이 없다면 애초에 그곳에 발을 들이지도 않았을 터였다. 일하고 놀 시간도 부족한 젊은이가 궂은일만 하는 주방에 굳이 찾아올 이유가 없다.

  살아가면서 쉽게 기분이 좋아지는 순간들이 있다. 엘리베이터에 탔는데 멀리서 누군가가 급한 발걸음을 재촉하는 것이 보인다. 엘리베이터 문을 잡고 기다리다 안도하듯 들어서는 그 사람의 고맙다는 눈인사를 마주하면 기분이 좋다. 슈퍼마켓 문을 밀고 들어가려는데 건너편에서 두 손 가득 장바구니를 든 사람이 나온다. 선뜻 내가 문을 당겨 열었을 때 마주치는 눈인사 역시 기분이 좋다. 누구나 아주 간단하게 기분이 좋아지는 길이다.

  이럴 때 기분이 좋은 것은 사람이 원래부터 갖고 있던 선함 때문이 아닐까. 그 선함은 간신히 엘리베이터를 탄 사람에게도, 문 잡고 기다린 사람에게도 행복감을 주는 법이다. 못 본 척 얼른 닫힘 버튼을 눌러버리는 사람도 있다. 하지만 그렇게 하고 나면 대부분 약간의 죄책감이 솟을 것이 틀림없다. 마음속에 있던 선함이 자신을 채찍질하는 것이다. 이렇듯 사람은 선한 심성을 갖고 태어난다고 믿는다. 다만 자라면서 각박한 세상살이 탓에 그 선함이 묻혀 겉으로 드러나지 못할 뿐이다.

  인간은 본래 악한 존재라고 주장하는 사람도 있다. 어느 쪽이 분명하게 옳다고 단정하기 어렵다. 절대적으로 선하거나 악할 수는 없을 것이다. 선하게 보느냐, 악하게 보느냐, 보는 사람의 관점에 따라 다른 일이라고 생각한다.

이기적으로 살면 당장은 편안할지 모르지만 끊임없이 뒤돌아보며 후회하게 만든다. 마음속에서는 욕심대로 살라고 부추기는 목소리와 배려하며 살라는 두 목소리가 싸움을 한다. 그럼 나는 어느 편에 서야 하는가? 이기적인 유혹 쪽도 꽤 힘이 세지만, 선한 쪽을 택하려 노력해야 나중에 돌아보면 편안하다.

짜증이 나고 마음이 어지러운 저녁에 눈을 감고 떠올려본다. 그날 하루 중에 작은 배려의 순간들을 생각하면 나도 모르게 미소가 솟는다. 선한 마음에서 하는 일은 받는 사람뿐 아니라 베푼 사람에게 행복을 가져다준다.

신도 머리를 많이 쓴다

"왜 기도를 안 들어주시나요?"
"이렇게 나쁜 놈을 왜 벌주지 않나요?"
"난 착하게 바르게 사는데 왜 이런 시련을 주시나요?"
끝없이 이어지는 기도와 원망을 듣다 보면 아마 하느님도 이렇게 대답하고 싶을 것 같다.
"그래, 네가 하느님 해라."

세상은 기본적으로 친절하지 않다. 하늘은 스스로 돕는 자를 돕는다고 하지 않는가? 준비하지 않고 배우지 않고 노력하지 않는 사람들에겐 무엇도 공짜가 아니다.

왜 하느님이 알아서 나 살기 좋게 낙원을 만들어주지 않았을까? 누구나 한번쯤은 생각해보았을 것이다. 왜 착하게 산 사람을 태풍에 휩쓸려 가게 하며 악한 짓을 일삼는 인간은 지진을 피했는가?

　우리가 어울려 살아가는 세상을 둘러보면 불합리하고 불공정한 일이 한둘이 아니다. 나보다 운이 좋은 사람을 보면 딱히 나보다 옳고 착하게 사는 것 같지도 않고, 도대체 하느님은 어디 계신지 원망과 의문이 태산과 같다.

　그래도 살아가면서 보니 노력하고 공부하고 준비할수록 조금 더 삶이 편해지는 것이 진실이다. 하느님은 우리가 성실히 노력할 때에야 신을 덜 원망하며 살 수 있게 설계해놓으셨음이 틀림없다.
　그렇게 디자인해놓으셨으니 하느님도 아무 일 없는 백수를 면하면서 동시에 세상 모든 일을 해결해주느라 낮잠 잘 시간조차 없는 혹사의 삶도 면한 것이다. 딱 우리처럼 보편적 범위 내에서 성실하게 살고 계신 셈이다. 그래서 결국 우리 모두와 하느님까지 공평한 세상이 만들어졌다.

　하느님도 참 머리를 많이 썼다.

솔직히 말한다는 거짓말

병원 진단을 위해 아침에 채혈을 해야 하는 날이다. 부지런히 달려가 8시 약속보다 무려 20분이나 일찍 도착했다.

"8시에 접수 시작입니다. 저쪽에서 기다려주세요."

소파에 앉아 인스타그램도 보고 뉴스도 보며 착실히 기다렸다.

"오래 기다리셨죠? 접수해드릴게요. 열두 시간 금식하셨죠?"

"네? 아니 그런 안내 못 받았는데."

"그럼 저녁 몇 시에 드셨어요?"

"6시에 먹었죠."

"그 후에는요?"

"글쎄…… 뭔가 중단 없이 먹긴 했는데……."

"아니 그럼 아침은요?"

"든든하게 먹고 왔……."

"하……."
"하……."

결국 다음 날로 다시 예약하고 쫓겨났다.
먹지 말라는 말 들은 기억이 안 나는데 그렇다고 우기자니 내가 생각해도 너무 상식 외의 행동이라 찍소리도 못 하고 돌아왔다.

우리는 '모르고 그랬어요'라는 말을 쓴다. 그런데 사실 잘 숙고하고 판단하면 답을 찾을 수 있는데도, 입에 떠넣어주듯 명백한 안내가 없어서 실수했다고 한다. 양심에 대고 과연 '몰랐어요'라고 할 수 있겠는가 생각해보면 사실 '내가 성급했어요'라든가 '생각이 짧았어요'라고 해야 맞을 일이 많다.

"이건 내가 정말 솔직히 하는 말인데……."
"잠깐! 너 그러지 말고 솔직하지 않은 건 뭔지부터 좀 말해줘봐."
친구랑 이야기를 나누는데 하도 그놈의 '솔직히 말하자면'이 많이 들어가서 나도 짓궂게 골탕을 먹였다. 나는 '솔직히 말하자면'이란 단서를 붙여도 그 말이 더 솔직한 말이라고 의미를 두지 않는다. 솔직한 사람은 그렇게 말 안 해도 그냥 솔직한 법이다.

언어는 그 사람의 생각을 대변한다. 관습처럼 쓰이지만 묘하게 듣는 사람을 거북하게 하는 말이 있다. 내 경우에는 '솔직히 말하자면'이란 표현이 그렇다.

그러다 보니 나도 가능하면 '솔직히 말하자면'이란 표현을 안 쓰려고 노력한다. 왠지 비밀이 많거나 평소에 진실하지 않은 것 같다. 힘든 말을 해야 할 때는 조심스럽게 말하려 노력할 뿐이다. 그래서 젊은이들이 '솔직히 말씀드리자면……' 하고 말을 시작하면 반농담으로 "안 솔직해도 괜찮아. 그냥 이야기해봐" 하며 웃어준다. 그렇게 해서라도 불편한 이야기를 있는 그대로 할 용기와 자세를 가지기를 바라면서 내 농담이 조금이라도 도움이 되길 소망한다.

불편한 이야기를 그대로 할 용기가 없으면 결국 정말 중요한 이야기는 감춘 채 소통을 해야 한다. 이야기가 쉽게 지위나 힘의 균형에 맞추어 흘러간다. '내 처지에선 어쩔 수 없었어'라거나 '상대도 감정이 있는데 그렇게 이야기할 수는 없었어'라고 변명을 한다. 하지만 불편한 이야기는 언젠가 훨씬 더 불편한 방법으로 주고받게 되거나, 이야기를 못한 자신을 두고두고 한심하게 여기며 살아가게 될 가능성이 있다.

"본의가 아니었어."

"괜찮아."

한 사람은 상처 줄 말을 뱉고, 듣는 사람은 상처를 받고 난 후의 대화다. 그런데 사실은 본의였고, 괜찮지 않다. 심지어 영화를 보면 미국에서도 실컷 못된 소리 다 뱉어놓고 "I did not mean it" 한다. 우리말의 '본의가 아니었어'와 똑같은 표현이다. 영화 속의 그런 대화를 볼 때마다 나는 속으로 말한다. '아니긴 뭐가 아냐? 자기 본심 그대로 다 퍼부었구먼.'

'본의가 아니었어'보다는 '내가 그러면 안 되는 거였어'라고 하는 편이 맞아 보인다. 그 본의 자체가 잘못됐다고 시인하는 것이다. 왜냐하면 판단을 잘못했거나 지나치게 감정에 치중한 것이지 본의가 아닌 말을 한 것은 아니었기 때문이다. 시인하지 않으면 겉치레에 불과한 사과에 그친다.

기도할 때를 생각해보면 답이 나온다.
"솔직히 말씀드리자면 제가 잘못했다기보다는……."
"하느님, 본의가 아니었지만 욕을 좀 했어요."
이렇게 기도하는 사람은 없다. 하느님에게는 솔직한 고백밖에 할 수가 없으니까. 그래서 하느님과의 대화가 좋다. 어디까지 말해야 하나, 나의 이 말을 믿어주실까, 고민할 필요가 없다.

기도는 때로 힘들기도 하지만 한편으로는 쉬운 대화다. '몰랐다' '솔직히 말한다' '본의가 아니었다' 이런 군더더기를 붙이지 않고, 잘못은 인정하고 해야 할 말을 기도처럼 진실하게 입에 담도록 노력하면 절로 신뢰가 쌓인다.

평화가 스르르

 같이 일하던 과장이 성당에서 결혼을 하던 날이었다. 혼배미사를 하는 곳이 어릴 적 외할머니가 눈이 오나 비가 오나 일주일에 몇 번씩 다니시던 종로성당이었다. 가끔은 투정 부리는 나도 데리고 다니셨다. 몇십 년 만에 보니 거의 다 고쳐서 새 건물이지만 뒤편에 높이 솟은 종묘의 담장이며 시장 근처는 기억 그대로였다.

"할머니 언제 끝나?"
"가만있어. 하느님이 이놈 하셔."
"할머니 나가고 싶어."
"신부님 말씀 중에 나가면 죄받어."

 답답하고 지루해도 성가대 노래를 듣는 시간은 기분이 좋았고, 성가를 부르는 동안은 잘 따라 부르지 못해도 즐거웠다.

아주 오랜 시간이 흐른 뒤에 어른이 되고 남편이 되고 그리고 아비가 돼서야 나는 세례를 받았다. 할머니께서 심어주고 가신 가장 큰 선물이 신앙이었고, 바로 그 종로성당에서 나도 모르게 그 선물을 받았던 것이다. 늘 그 선물을 너무 오래 묵혀두었다는 생각을 했다. 할머니 돌아가시기 불과 몇 년 전에야 세례를 받았으니까.

마냥 좋아서 웃는 신랑 신부를 보며 나도 웃다가 옆자리를 보니 거기 돌아가신 할머니가 와 계셨다. 조그만 체구에 잔뜩 주름진 손으로 내 손을 잡으시고 "용만아, 하느님 참 좋으시지?" 하셨다.
축하해주러 간 성당에서 솟는 눈물이 참으로 민망했다. 신랑 신부는 모른다. 이 장소가 내게는 얼마나 따뜻하고 얼마나 성스러운 장소인지.

미팅과 미팅 사이에 애매하게 시간이 남아도 난 걱정이 없다. 특별히 일이 생긴 경우가 아니라도 가까운 성당에 가서 앉아 있다 오면 되기 때문이다. 언제든 날 환영해주고 편안하게 쉬다 가게 해주는 안가가 시내 도처에 있다. 그 어느 곳보다 따뜻하고 평화롭게 두 팔 벌려 맞아주는 곳. 성당에 앉아 차분하게 기도를 하다 보면 어느새 긴장도 조바심도 회한도 줄어들고 평화가 스르르 찾아온다.

주어진 시간 동안

그날도 반찬을 들고 숨이 턱에 차게 산동네를 다녔다. 장딴지가 뻐근한 것은 참겠는데 뜨거운 날씨에 숨이 콱콱 막히고 사지에 힘이 빠지는 느낌이 참 힘들었다. 그런데 여든을 넘긴 할머니의 반지하 문 앞에 거의 내 키만 한 자루가 있다. 캔과 페트병 모은 것들이 찢어질 정도로 꽉 차게 들었다. 자루에 손을 얹고 말을 건넸다.

"이거 파시려고 모으셨지요?"
"아유, 들어 올려주려구? 고마워라."
반지하에서 길가로 들어 올린다는 생각은 못 했는데 할머니 말씀을 듣고 보니 생각조차 못 한 내가 부끄러웠다. 그래서 씩씩하게 대답을 하고 길 위로 들어 올렸다. 몇 계단 안 되는데 끌어 올리려니 무게가 장난이 아니다.

"할머니 이걸 어떻게 들어 올리려고 하셨어요? 이거 킬로당 얼마 받으세요?"

"킬로당 600원."

내가 어림한 무게로는 10킬로쯤 됐으니 내 키만 한 자루가 가득 차게 모아도 만 원이 안되는 셈이다. 몸 추스르기도 어려운 팔십대 노인이 종일 뙤약볕 아래서 깡통을 주워 모은다. 그 산 아래로 건너다보이는 다운타운의 웅장한 모습이 다 부질없다.

이런 삶을 보고 낙오자라 할 것인가? 젊어서 준비 안 한 탓이라 할 것인가? 어떤 형태로든 보호받아야 할 분들이 길거리로 혹은 삶의 벼랑으로 내쳐지는 것은 이유를 따질 필요조차 없다. 오늘날 곳곳에 눈에 띄는 안타까운 현실 속에 구성원으로 살아온 나도 책임으로부터 자유로울 수 없음에 마음이 무겁다.

내 몸 하나 움직이기도 힘든 나이에 감당이 어려운 노동을 해야 살아갈 수 있는 어르신들이 우리 바로 곁에 있다. 어르신들의 고단한 삶이 우리들의 안락한 삶과 함께 있다.

"어르신 괜찮아요. 천천히 하세요."

한참을 두드려도 답이 없다가 희미한 소리가 나고 문이 열린다. 간신히 몸을 움직여 나오셨음이 분명했다.

"내가 어젯밤 화장실 가다 자빠졌어. 허리와 다리를 못 쓰겠어."
 "아유, 어디 봐요. 여기 아프세요? 그럼 얼른 병원 가셔야지요."
 허리 통증에 익숙한 내가 봐도 심각했다.

 그것이 얼마 전 월요일에 주고받은 마지막 대화였다. 사흘 후 할머니는 하늘로 가셨다. 조○○ 할머니 댁은 내가 반찬 배달하는 루트의 맨 마지막 집이었다. 할머니는 몸도 성치 않으신 데다 귀가 어두우셨다. 한참을 소리 높여 "어르신! 어르신!" 부르고 문을 두드려야 나오셨다. 민망하실까 봐 손짓을 섞어 "안 들리셨죠?" 하면 끄덕이며 수줍게 웃으셨다.

 2주 전에 생일을 맞으셔서 어린 봉사자 둘과 함께 손뼉 치며 생일 축하 노래를 불러드렸더니 정말 환하게 웃으셨다. 할머니께서 하늘로 떠나셨다는 소식에 봉사자들에게 연락해 같은 시간에 다 함께 기도를 올렸다. 이제는 볕 잘 드는 하늘나라에서 환한 웃음으로 성큼성큼 걸어 다니시길 기도한다.

 늘 길가에 나와 앉아 계시는 또 다른 어르신을 찾아간 날이었다.
 "커피 한잔해."

"네, 주세요."

"근디 이게 왜 안 켜진다냐. 이것 좀 봐줘야 쓰겄네."

올해 85세이신 할머니의 방에는 정돈되어 보이는 것이 별로 없다. 전선도 엉망이라 스위치를 올려도 껌뻑인다. 전선을 다 뽑았다 다시 끼우니 그제야 불이 들어온다. 올 때마다 내게 커피 한잔을 타서 주고 싶어 하는 어르신 청을 너무 많이 사양했다 싶은 날에는 이렇게 문지방에 앉아 커피를 한잔 마신다. 그 모습을 보면 어르신은 흐뭇해한다.

도처에 마음 아픈 어르신들의 삶이 있고, 그 삶이 별로 나아질 가능성은 적다. 그냥 바라만 보고 있으면 아팠던 마음도 점점 무뎌질 것 같다. 땀 흘려 일하고 숨차게 걸어 찾아가 뵈면 봉사자들 자신이 행복해진다. 지켜만 보지 않고 손 내밀어 그분들 손을 잡고 곁에 있을 수 있다는 것이 그 행복감의 근원이지 싶다. 도움이 되는 일을 하고 사랑을 내 손으로 전할 수 있음에 모두들 감사해한다.

"어제 산책 나갔다 ○○○ 할머니를 만났어요."

"수녀님, 이 더운데 무슨 산보를 하세요!"

"할머니가 '이번엔 무슨 반찬을 주려나 기대돼요' 하셨어요."

"아, 좋네요."

나눠드릴 점심 반찬을 만들며 수녀님과 이야기를 나눈다. 할머니가 반찬을 기다리며 기대를 하신다는 말이 참 좋으면서 한편으로는 마음이 아프다. 반찬을 해드리기 시작한 지 4년이 됐다. 처음 시작하고 1년 정도가 지나자 점점 눈에 띄게 좋아지는 어른들 안색을 보며 기쁘면서도 이전엔 얼마나 힘드셨을까 고통이 상상돼서 아팠다. 그 기쁘고 아픈 마음이 들 때마다 이 일이 하느님이 내게 주신 소명이란 생각이 든다. 더 잘해야 할 텐데 마음만 급하다.

염수정 추기경께서 가끔 우리 주방을 찾아주신다. 한겨울에도 불쑥 주방에 오시면 반가우면서도 앞산 능선을 넘어 산길을 걸어오셨다는 말씀에 걱정이 앞선다. 전혀 유별난 내색을 안 하시고 조용히 아들딸뻘 봉사자들 틈에 서서 주방 일을 도우신다. 주방을 나서실 때 "추기경님 모셔다 드릴까요?" 한마디라도 드리면 손사래를 치시며 걸음을 멈추지 않고 가버리신다. 교회의 어르신들이 이렇게 응원해주시니 힘이 절로 나고 감사한 마음이 가득하다.

돌아가신 정진석 추기경께서도 늘 좋은 말씀으로 격려를 해주셨다. "담장 너머로 먹을 것을 던지는 행위가 되지 말라"는 우리 봉사 기도문도 정 추기경 말씀이다.
처음 이 일을 시작할 때 찾아뵙고 고백같이 말씀을 드렸다. "추기경님, 제가 더 기부하고 더 나눠야 하는데 모자라는 인간이라 그런지 지금 정도밖에 못 했어요."

"자네 언제 하늘나라로 갈지 알아?"

"아뇨, 그걸 어떻게 알겠어요. 하느님 정해놓으신 날 가겠지요."

"그렇지? 우리는 모르지만 하느님 정해놓으신 날까지 주어진 시간 동안 살다 가는 것이지. 그러니 말이야, 그 정해진 남은 시간을 누군가를 위해 쓰면 그건 자네에게 남은 생명 일부를 나눠주는 것과 같은 거야. 그러니 잘하든 못하든 많이 하든 덜 하든 이웃을 돕는 시간은 자네 생명을 나눠주는 값진 거야."

이 말씀이 그 후 봉사의 길을 인도하는 등대처럼 남았다. 우리 주방의 원칙 중 하나가 남의 일을 지적하거나 평가하지 않는다는 것이다. 이 생각은 추기경 말씀에서 시작되었다. 소중한 생명의 시간을 나눠주는 것은 모두 값진 것이고, 일을 더 잘한다고 가치가 높아지거나 못한다고 낮아지는 것이 아니다.

좀 짜다 싶은 분

내가 살아가며 한때 빠졌던 중독이 있나 생각해보았다. 술을 즐기긴 했지만 그 외에는 딱 하나를 빼고는 중독이라 칭할 것이 없었다. 그 하나는 가장 무서운 중독 중 하나인 미루기 중독이었다. 아침 운동을 하러 일어나기 얼마나 싫은가? 그럴 때 '에라!' 하고 누워서 구르면 행복하다. 공부를 해야 한다? '에잇! 내일 하지!' 과감하고 단호하게 결심을 하고 책장을 탁 덮을 때 파도처럼 행복감이 밀려왔다.

심지어 방학 때는 아무것도 안 하느라고 바쁘기도 했다. 하루 종일 뒹굴뒹굴하느라 다른 그 무엇도 할 시간이 없는 날들이 많았다. 나를 보고 성실하고 노력한다고 하지만 사실 나도 젊은 시절에는 미루기 중독에 시달렸다. 나이가 들며 이제는 미룰 시간이 없어서 고쳐진 것은 아니다. 일을 하며 뭔가를 이룰 때 얻는 달콤함과 미루면 더 괴로워진다는 것을 아는 경험이 쌓인 덕에 중독에서 헤어날 수 있었다.

저녁에 돌이켜 보면 '내가 왜 그랬지? 하느님 반성합니다' 기도하며 고백하고 참회할 일을 며칠에 한 번씩 한다. 그 정도로 실수를 반복하니 이쯤 되면 바보짓의 장인정신이라고 해야 한다 싶다.

성당에 가면 "다시는 죄를 짓지 않으며 죄지을 기회를 피하기로 굳게 다짐하오니"라고 반성의 기도를 할 때마다 뜨끔하다. 내가 죄를 지을 것을 알기 때문에 안 짓겠다는 각오도 가능하고, 무엇이 죄로 이어지는지도 알기 때문에 죄지을 기회를 피한다는 말도 가능한 것이다.

가끔 "다시는 뻔한 바보짓 하지 않으며 바보가 될 기회를 피하기로 굳게 다짐하오니……"라고 바꿔서 기도해보지만 그래도 소용없었다. 인간문화재급 장인정신이다 보니…….

이렇게 미루기 중독과 바보짓 장인정신 사이를 오가며 사는 것이 사람 사는 냄새 물씬 나는 인간적인 모습이라며 나를 위로해본 적도 있다.

미루기 중독에서 헤어나기 어려우니 그냥 가만히 있어도 하느님이 팍팍 주시면 매일매일이 로또에 당첨된 기분일 것 같다. 그러나 좀 짜다 싶은 분이 하느님이기도 하다.

아무것도 안 하고 미루기만 할 때 하느님은 우리에게 그다지 너그럽지 않다. 성경을 보아도 우리가 뭔가를 해야만 하느님도 화답해주셨다. 오병이어의 기적은 음식이 얼마나 남았나 모아본 '인간의 노력'이 시작되자 몇천 명이 배불리 먹을 수 있는 기적으로 답하신 것이었다. 가나의 혼인 잔치에서도 물을 가득가득 채우는 '인간의 노력'이 있고 나서야 술로 바꾸어주셨다. 배에서 그물이 찢어지게 고기를 낚게 된 기적 역시 한 번 더 그물을 드리운 '인간의 노력' 후에 이루어졌다. 하늘은 스스로 돕는 자를 돕는다.

다음에 잘할 거지?

늦어서 헐레벌떡 성당에 간 날이었다. 늘 앉던 자리가 이미 사람으로 가득했다. "미안합니다"를 연발하며 비집고 들어가 꼬마 둘과 그 엄마의 옆에 앉게 됐다. 아이들은 의자를 책상 삼아 엎드려 장난을 치고 있었다. 엄마는 끊임없이 아이들을 달래고 주의를 줬다.

미사가 끝나고 줄지어 나가는데 아이 엄마가 아이들을 타일렀다.
"성당에서는 조용히 하는 거야."
"응."
"장난도 살살 하고."
"응, 알아."
"다음엔 더 잘할 수 있지?"

"아니."

참을 수가 없어서 그만 웃음이 터졌다. 솔직하게 이야기하는 아이가 너무 귀여웠다. 때 묻지 않고 세상의 규범에 물들지 않으면 이렇게 대답할 수 있는 것이다. 자라나며 해도 될 일과 해서는 안 될 일에 대한 개념이 생기고, 부모에게 어떻게 대답해야 한다는 학습을 하면 달라지기 시작한다. 분명히 또 장난칠 것을 알면서도 "다음에 잘할 거지?"라는 질문에 "네" 하고 대답해야 함을 배우는 것이다. 물론 정말로 개과천선해서 다음부터는 조용히 하면 제일 좋지만 아이도 우리 어른도 불가능하다는 사실을 잘 안다.

거짓말은 이렇듯 학습의 결과다. 아이가 자발적으로 조용히 하려면 그 이유를 이해하고 공감하며 추가적인 자극도 없어야 한다. 그러나 우리는 그런 것과는 무관하게 결과에 해당하는 답을 강요한다.

우리가 신에게도 이렇게 하지 않는가 돌아볼 필요가 있다. 이 세상에서 살아가는 버릇대로, 뭐든 잘하겠다고 하고 다시는 죄를 짓지 않겠다고 다짐부터 하는 것이 꼭 옳지는 않을 것이다. 뭐든 알고 계시는 신에게는 조금 더 솔직해야 하지 않을까.

후회하지 않을 자신

명동성당에 가면 입장하기 위해 줄을 서야 한다. 매 시간마다 있는 미사가 늘 만석이니 줄을 섰다가 한꺼번에 들어간다.

7년쯤 된 일이다.

비가 쏟아지는 날에 우산을 쓰고 빗속에 줄을 서 있었다. 그러다 앞 시간 미사가 끝나서 기다리던 사람들이 성당에 들어가기 시작했다. 그때 마당 건너 매점 쪽에서 한 사람이 우산을 쓰고 시각장애인 세 명과 오고 있었다. 당연히 우산 하나로 비를 다 가릴 수 없었다. 갑자기 눈에 들어온 장면에 "어, 어……" 하는 사이에 그분들은 마당을 가로질러 성당에 도착했다. 옷이 꽤 젖은 것이 보였다. 내 큰 우산이면 두 사람은 가려줄 수 있었는데 어버버하며 그 자리에 못 박힌 듯 서 있었던 것이 영 마음에 걸렸다. 나 자신이 바보 같았다.

미사가 시작되고 늘 하던 대로 기도하고 일어섰다 앉았다 따라 하다 영성체를 하고 자리에 돌아왔다. 나는 영성체 후 입안에 성체가 있는 그 순간이 가장 기도에 집중하는 때다. 기도하고 고개를 드는데 바로 앞 통로로 아까 그 장애인 세 분을 포함한 네 분이 영성체를 마치고 지나가고 있었다. 통로가 좁은데 한 사람의 손을 세 사람이 잡고 가려니 제대로 걸음을 이어가는 것이 쉽지 않아 보였다. 그런데 이번에도 또 "어, 어……" 하는 사이에 지나쳐 갔다.

미사가 끝나고 집에 오는데 두 장면이 머리에서 떠나질 않았다. 내 우산을 씌워드릴 수 있었고 내가 두 분을 이끌었으면 모두 편안하게 자리로 돌아갈 수 있었는데 손을 내밀지 않았다는 자책이 남았다.

그 후회가 그 후로도 머물렀다. 달이 가고 해가 바뀌어도 그날만 생각하면 똑같이 괴로운 기억으로 남았다. '어쩌지?' '괜히 중뿔나게 나서는 것 아닌가?' '그래도……' 순간의 망설임이 그렇게 오랫동안 후회로 남을지 몰랐다.

이제는 예전만큼 오래 망설이지 않고 웬만하면 손을 내밀 수 있게 되었다. 그날 그 사건이 결국 내게는 은총이나 마찬가지다. 지금은 그날의 일도 하느님이 계획하셨다 생각한다. 이웃을 사랑하는 길로 슬쩍 등허리를 밀어주신 것이다.

며칠 전 주일미사를 갔을 때 일이다. 명동성당에 가면 주차장 엘리베이터를 이용하지 않고 명동 길로 나와 걸어서 올라간다. 그 계단으로 올라가면 마치 하느님 계신 곳으로 걸어 올라가는 것 같아 경건해지기 때문이다.

계단 입구에는 늘 구걸을 하는 사람이 앉아 있다. 그날은 처음 보는 분이었다. 내 앞에 네 살쯤 된 여자아이의 손을 잡은 엄마가 가고 있었다. 그런데 꺼질 듯 앉아 있던 사람이 갑자기 조금 전까지의 모습과는 너무도 다르게 환하게 웃으며 손뼉을 치며 좋아한다.
"아이, 이뻐라. 아가 안녕."
"안녕하세요."
아이도 귀엽게 인사를 하니 그 사람은 더 손뼉을 치며 좋아했다. 물론 돈을 받기 위한 의도일 가능성을 100퍼센트 배제할 수는 없지만 그다음 말에 나는 그 사람의 선의라고 믿었다.
"아가 위해 기도할게."

미사가 끝나고 다시 계단을 내려오는데 왠지 그냥 지나갈 수가 없었다. 주머니엔 5만 원짜리밖에 없었다. 순간적으로 망설였다.
'5만 원은 너무 큰돈 아닌가? 속임수에 내가 속는 것 아닌가.'

그러다 마음을 고쳐먹었다. 우리도 살아가면서 뜻밖의 선물을 받기도 하고 횡재를 할 때도 있는데 가난하면 그러지 말아야 한다는 법은 없지 않냐는 생각이 들었다. 갑작스러운 횡재에 기분 좋은 날이 된다면 내가 그 제공자가 돼서 나쁠 일도 없었다. 걸인에게 주어야 하는 돈의 상한선이 정해져 있는 것도 아니었다. 무엇보다 지나치고 나서 후회하기가 싫었다.

그 사람 옆에 가서 쪼그려 앉았다.
"아저씨 이거 술 마시지 말고 꼭 따뜻한 밥 사서 드세요."
"아이고, 네, 감사합니다."
"꼭 그렇게 하셔야 해요."
"네, 그렇게 할게요. 고맙습니다. 선생님 위해 기도하겠습니다."
기도한다는 말에 속았더라도 괜찮을 만큼 기분이 좋아졌다. 그날은 후회하지 않을 자신이 생겼다.

돈으로 할 수 없는 것

　어떤 사람들은 왜 부자들은 천당에 들어가기 힘들다 하느냐고 불평한다. 하느님 말씀에 어긋나지 않으려 정말 노력하며 살았고 고백성사 성실히 하며 죄짓지 않도록 애썼다고 항변한다.
　그러나 죄를 짓지 않는 것만이 전부는 아니다. 하느님은 늘 우리를 벌주려 벼르는 분이 아니기 때문이다. 벌 받을까 봐 무서워 피하는 일에만 집중하는 것은 신앙이 아니다.

　천당은 왜 가난한 사람들에게 먼저 문을 열어줄까.
　누구나 같은 모습의 벌거숭이로 태어난다. 부자도 가난한 아이도 태어나는 순간에는 모두가 같다. 죽음 역시 누구에게나 찾아오는 평등한 것이다. 그리고 죽음 이후도 하늘나라에 가면 평등하다.
　그러나 죽음에 이르는 과정은 결코 평등하지 않다. 아무래도 부유하면 덜 힘들고, 가난하면 더 힘들다. 그러면 하느님 입장에서 누가 더 안쓰럽고 누구를 더 마음에 두게 되실까 생각해보면 자명한 일이다.

부자는 돈을 많이 가진 사람을 일컫는다. 우리가 살아가는 이 세상에서는 대체로 돈이 힘을 가져온다. 그래서는 안 될 일이지만 돈의 힘은 자신의 의지와 상관없이도 발휘되곤 한다. 돈이 사람을 포장해버린다고 해야 할까. 돈의 광채가 나는 사람이 더 대접받는 사회가 되어버렸다.

돈에 의한 힘은 오류를 덮기도 하고 안 되는 일을 되게도 한다. 그러지 말아야지 하면서도 자신도 모르게 돈이 가능케 하는 편한 삶에 젖어들어 간다. 이 세상에서는 편한 힘이지만 결국 저세상에서는 사라질 힘이고 옳지 않은 힘이다.

내가 가진 것이 많을수록 가난한 이들의 삶에서 멀어지고 공감하기 어려워지기 쉽다. 습관적으로 더 큰 부를 쌓는 데만 관심을 가지게 되고 나누는 것은 왠지 돈을 쉽게 써버리는 것 같아 주저하게 된다. 부자가 천당에 가기 힘들다는 말씀은 아마 이런 삶의 습관을 돌아보고 조금 더 주변의 이웃들에게 눈을 돌려 보라는 뜻이 아닐까 싶다.

아끼고 절약하는 검소한 삶은 누구에게나 미덕이다. 돈을 버는 것도 성실함과 노력의 결과라고 보면 그 자체로는 칭찬

받을 일이다. 문제는 그 삶 속에 나와 남이 얼마나 적절하게 공존하는가다. 하느님이 말씀하시듯 내 이웃들이 다 형제이니 그 형제를 향한 배려와 공감이 중요하다.

3

그때 그랬지

파리로 가기 위해 제네바 공항 라운지에서 탑승 시간 되기를 기다리고 있었다. 마침 같이 가는 일행들은 짐만 두고 제각각 화장실로, 음식 카운터로, 다들 자리를 비웠다. 대각선 맞은편에 앉은 서양 여성이 나를 보고 미소가 가득한 얼굴로 뭐라고 말을 걸어온다. 못 알아들으니 그냥 미소로 마주 보았다. 그런데 그것이 끝이 아니었다. 계속 웃음 띤 얼굴로 내게 이야기를 한다.

잘 들어보니 프랑스어였다. 내가 유일하게 아는 완벽한 프랑스어 문장이 있다. "Je sais pas trés bien parler français(나 프랑스어 잘 못 합니다)." 만면에 미소를 지으며 이 한마디로 응답을 했다.

그런데 또 웃으며 뭐라고 한다. 당연히 난 못 알아듣는다.

할 수 없이 영어를 해야 하나 생각하는데 심지어 이제는 깔깔 웃기까지 한다. 영어로 한마디를 하려는 순간 그 여성은 고개를 옆으로 돌렸다. 옆모습으로 귀에 꽂은 이어폰이 보였다.

통화중이었다.

혼자 실소를 금치 못하며 제네바 공항은 이번에도 기억에 남을 에피소드를 만들어주는구나 생각한다.

미국에 살 때인 1985년의 일이다. 아내가 둘째를 낳고 얼마 안 됐는데 스위스로 출장을 가게 됐다. 미국에서의 삶이 다들 그렇듯 아무 도움 줄 사람도 없이 단둘이서 첫째를 낳아 길렀고, 첫째가 어느 정도 말 알아듣는 나이가 돼서 둘째를 낳았다. 아무리 여섯 살이라도 큰애가 아직 어린아이인데다 막 태어난 둘째까지 나 없이 혼자 감당하는 아내 생각에 출장길이 편치 않았다. 안쓰럽고 미안했다.

시계의 나라 스위스에 왔으니 둘째까지 낳느라 애쓴 아내에게 시계를 하나 선물하고 싶었다. 돌아가신 아버지가 살아 계셨으면 "아가 수고했구나" 말이라도 한마디 해주셨을 것 같았다. 문득 아버지 생각이 난 것은 내가 입학시험에 합격했을 때 시계를 사주시고는 "수고했다" 한마디를 하셨던 기억이 떠올랐기 때문이었다.

주머니가 넉넉지 못한 때라 흡족한 시계는 돈이 모자랐고 살 만한 값의 시계는 마음에 덜 찼다. 한참을 이리 고민 저리 고민 하다 판매하는 점원의 짜증 섞인 눈총을 받기 시작할 즈음 결국 주머니 사정에 맞는 시계를 샀다. "그래, 그냥 잘 샀다 생각하자. 아내가 좋아해야 할 텐데……."

한편으로는 아내에게 미안하고 한편으로는 처음으로 내가 번 돈으로 산 큰 선물이라 남편 도리를 한다 싶어 좋았다. 시계를 보니 출발 시간이 다 됐다. 전속력으로 달려 게이트까지 왔는데 비행기가 멀어지는 것이 보였다. 고민하고 주저하다 결국 뉴욕으로 가는 비행기를 놓치고 만 것이었다.

다시 카운터로 뛰어가 다음 날 새벽에 떠나는 편에 간신히 자리를 잡았다. 지친 몸이 만신창이였다. 나가서 호텔을 잡아 하룻밤을 지내고 새벽에 돌아올 생각을 하니 한심했다. 에라, 그냥 여기서 밤을 보내자 하고 공항 벤치에 길게 몸을 누였다. 행여 누가 집어 갈까 시계 상자를 품에 안고 의자의 등받이 쪽을 향해 누웠다. 나름 시계를 지키기 위한 철벽 방어를 하고 하룻밤을 지새웠다.
제네바 공항에 오니 그날 생각이 난다. 아직도 아내에게 미안해서 코끝이 맵다.

저녁 약속이 있어 오랜만에 삼일빌딩에 갔다. 그리고 추억에 젖었다. 이 삼일빌딩에 외환은행 본점이 있던 70년대 말에 나는 본점 영업부 수입 신용장계의 행원이었다. 창밖에 보이는 풍경이 이제는 완연한 선진국이지만, 내가 다니던 시절에는 아직 가난의 때를 벗지 못한 그대로였다. 열두 자리를 넘는 계산을 할 수 있는 계산기가 거의 슈트 케이스만 한 사이즈로 본점에 딱 한 대뿐이던 시절이었다. 모든 계산은 주판으로 했다.

나는 삼일빌딩에서 일하는 행원이었고 연애하던 아내는 명동 입구에 있는 증권회사에서 일했다. 점심시간이면 골목을 따라 명동을 향해 전속력으로 달려갔다. 그렇게 여자친구를 만나 점심으로 냉면 한 그릇을 먹고 나면 다시 전속력으로 달려 은행으로 돌아오곤 했다. 어쩌다 아내가 내가 다니는 은행 앞으로 오던 날은 옆 골목으로 가서 그녀가 좋아하는 칼국숫집에서 점심을 했다. 퇴근을 하면 다시 날아갈 듯 명동으로 달려가서 아내를 만났다. 그렇게 저녁 데이트를 한 후 데려다주고 내 집으로 오면 거의 12시였고 전화기를 들어 잠들 때까지 통화를 했다. 수화기를 내려놓으면 하루가 끝났다. 거의 매일을 그렇게 살았던 시절의 추억에 잠겼다.

별일 아닌 삶의 조각들이지만 이렇게 젊은 날의 추억이 있는 것은 행복이다. 그때는 단 5분이라도 더 같이 있기 위해 애태웠고 점심시간이 가까워오면 조바심에 늘 급했다. 그리고 사무실로 돌아오는 길은 발을 떼기가 싫어 주저했다. 그 시절을 떠올리며 이 나이에 그 마음을 다시 느끼는 것도 행복이지 싶다. 삼일빌딩은 그렇게 내 연애 시절의 기억이 가득한 장소다.

수박을 그다지 좋아하지 않았었다. 덜 익은 수박에서 나는 풋내가 싫었고 특별한 맛이 없는 물 덩어리 같았다. 그런데 아내가 첫애를 임신하고 수박에 꽂혔다. 내가 갈 학교는 반년 후 시작이었고 아내는 만삭이었다. 한국 사람 별로 없는 촌에서 영어를 미리 좀 익히고 아이도 낳아야겠다고 생각했다. 그렇게 해서 미국 중부지방 농촌 한복판에 있는 초소형 도시에 자리를 잡고 영어 수업을 들었다.

시 외곽까지 나가는 데 5분도 안 걸리는 곳이었다. 시 중심에서 바깥쪽으로 5분만 가면 수박을 산처럼 쌓아놓고 파는 수박 농장이 있었다. 그 산처럼 쌓인 수박 중에 어느 것을 골라도 한 통에 2달러였다. 사이즈가 장난이 아니었다. 내 두 팔로 간신히 안아 들어 올릴 정도의 크기와 무게였다. 아마 지금 서울에서 파는 큰 수박의 너덧 배는 족히 됐을 듯싶다. 그리고 정말 꿀처럼 달았다. 팔 힘만으로는 들어 올릴 수가 없어 온몸으로 안고 허벅지에 올린 채로 무릎도 펴지 못하고 엉금엉금 전력을 다해 차로 옮길 수 있었다. 트렁크에 넣으면 깨질 테고 집에 가면 들어내기가 불가능했다. 그러니 조수석에 밀어 넣고 구르지 않게 손으로 누르고 돌아왔다. 집에 오면 다시 두 팔로 안고 허벅지에 올린 채 엉덩이는 뒤로 뺀 우스꽝스러운 자세로 낑낑대며 반지하 아파트로 내려갔다.

그렇게 힘들게 사 가면 아내가 칼로 숭덩숭덩 조각을 내어 냉장고에 넣었다. 어찌나 큰지 냉장고 문을 열면 모든 칸이 뻘건 수박으로 꽉 찼다. 그 큰 수박을 사흘에 하나씩 먹어 치우는 아내를 보며 경악을 금치 못했다.
그런데 그렇게 수박 조달하다 나도 수박 맛에 길들여졌다. 그래서 지금은 수박을 썰어주면 언제든 군말 없이 먹는다. 세계 어느 곳을 가든 농촌이 보이면 그때 그 수박 농장 생각이 난다. 그리고 배가 남산만 했던 아내가 수박 통을 끼고 앉아 하루 종일 수박을 먹던 모습이 떠오른다.

장소는 기억을 품는 법이다. 어디를 가나 그 기억들이 돌아온다. 참으로 다이내믹하게 여기저기 중단 없이 쏘다닌 덕에 이제는 가는 곳마다 기억이 없는 장소가 별로 없다. 그나마 성실하게 일하며 다닌 곳이 대부분이고, 그렇지 않은 곳도 불편하지 않은 기억들을 품고 있는 곳이 많아 다행이다.

누구에게 물어볼까

"나 어떡해. 허리 수술해야 한대요."

가까운 후배가 허리가 아파서 병원을 갔더니 수술을 해야 한다고 했단다. 걱정이 되니 허리 수술을 여러 번 한 내게 물어오는데 사실 나는 뭐라고 답을 해줄 수가 없었다. 사람마다 다 상황이 다르니 좋다 나쁘다를 단정해서 말해주기가 어렵다. 원론적인 답변을 몇 가지 해주고 잘 생각해서 결정하라고만 했다.

"나 곧 수술인데 어찌하면 좋아요?"
며칠 후 다시 연락이 왔다.
"아직 결정 못 했어?"
"주변 사람들이 하도 말이 많아서요."
"뭐라고 하는데?"
"어떤 사람은 허리는 절대 수술하지 말아야 한다고 하고,

어떤 사람은 자기가 잘 아는 용한 한의사에게 가보자고 하고……. 죄다 나서서 한마디씩 하니까 점점 더 무서워서 못 하겠어요."

전형적인 잘못된 의사결정이라 생각됐다. 그래서 수술 여부와 상관없이 이건 한 수 가르쳐줄 수 있겠다 싶었다.

"어느 병원에서 진단받았어?"
"○○정형외과라고 잘하는 분이에요."
"그럼 말이야, 이렇게 하자. 빨리 예약을 해서 다른 큰 병원에도 한번 가봐. 그래서 거기 의사도 수술하자고 하면 둘 다 같은 의견이니 해야 할 것이고 수술하지 말자고 하면 수술 않는 방식으로 치료를 해보다가 좋아지지 않으면 그때 하면 되잖아."
"어, 그 말 맞네. 그럼 어느 병원으로 가요?"
"지금 상황에서는 어느 정도 수준이 있는 병원 중 제일 예약 빨리 되는 곳."

주변에서 다 한마디씩 하니 흔들리지 않을 수 없는 것은 당연한 이치다. 하지만 이 상황을 자세히 보면 한 사람의 전문가인 의사와 아마추어 여러 명의 의견이 대립하고 있는 것이다. 내가 가르쳐준 거라고는 전문가의 의견을 복수로 들어보고 결정하라는 것뿐이다.

며칠 후 신이 나서 전화를 해서는 고맙다고 한다. "덕분에 저 살았어요! 다른 곳에 가서 진찰했더니 수술 안 해도 된대요. 그래서 안 했어요. 감사합니다." 한 일이 별로 없는데 하도 고맙다고 하니 뭐라고 대답을 하기가 궁했다. 그래서 한마디 툭 던져주고 말았다.

"결정을 못할 때는 중요한 정보가 충분치 않아서 그런 거야. 다른 의사 말을 더 들으니 금방 결정할 수 있잖아. 그러니 난 한 게 없어. 자네의 바보스러움을 지적했을 뿐이야."

뭐든 결정이 어려울 때는 자신에게 반문을 해야 한다.
'내가 이 결정을 하기 위해 필요한 중요 정보를 충분히 알고 있는가?'
'뭘 더 알아야 이 결정을 할 수 있지?'
모르기 때문에 불확실하고 불확실하기 때문에 결정을 못 하는 것이다. 그럼 불확실성을 없애기 위해 더 알아보고 더 물어봐야 한다.

꼭 한 번만이라도

새벽에 잠에서 깨어나면 시계부터 본다. 바로 일어날지 아니면 눈을 감고 잠을 더 청할지 결정해야 한다. 갈수록 깨는 시간이 일러지니 오늘처럼 4시 30분에 눈을 뜨면 억지로라도 더 자려고 노력을 해야 한다. 결국 더는 잠들지 못하고 5시 30분에 일어나버렸다. 아마 8시에 해놓은 약속 때문인 것 같았다.

달리기를 배우기로 한 날이 왔다. 그냥 달리면 되지 뭘 배우느냐고 할지 모른다. 하지만 내 처지에서는 그냥 달리면 되는 평범한 사치가 허용되지 않는다. 척추 수술 네 번 후 몇 년간은 장애의 삶을 살았다. 툭하면 몸을 일으키는 일조차 쉽지 않아 휠체어 신세를 지고는, 걱정이 가득한 표정으로 안부를 묻는 임직원에게 하루에도 수십 번 괜찮다고 답변을 해야 했다. 그대로 지내다가는 폐인이 될 것 같아 시작한 걷기가 나중에는 국토 종단과 횡단까지 이어졌다. 그렇게 미친 듯이 걷고 나서는 다행히 거의 회복할 수 있었다.

 남들은 그냥 살아가는 것이 내게는 조심하고 애써야 가능한 처지가 그래도 불만스럽거나 한탄스럽지는 않았다. 내가 뭘 잘못해서 받는 벌이 아니기 때문이다. 낙천적인 성격도 한몫을 했다. 20년이 넘게 망가진 척추로 살아가느라 악전고투를 해도 이러다 더 좋아지겠지 생각한다. 나보다 건강한 사람들을 보아도 부럽거나 슬프지 않았다. 내가 못하는 것이 있는 대신 찾아보면 더 잘하는 것도 있다.

 그렇게 낙천적으로 포기하지 않고 장애와 싸우며 살아가면서도 늘 마음속에 딱 하나 정말 하고 싶은 것이 있었다. 남들 뛰는 것을 보면 그렇게 부러울 수가 없었다. 나도 다시 어릴 때처럼 땀을 쏟아가며 뛰고 싶었다. 사실 젊어서도 조깅을 한 적은 없었다. 하지 말라면 더 하고 싶은 청개구리 심보인지 아무튼 뛰지 못하는 신세에 대한 한이 사라지질 않았다. 척추만 문제가 아니라 몇 해 전 무릎연골도 찢어졌고 족저근막염으로도 3년 동안 고생해서 뛰는 것만은 내게 절대 허락되지 않는 운동이었다.

 가끔 횡단보도에서 나도 모르게 급히 뛰어서 건널 때가 있다. 그러면 영락없이 무릎이나 허리가 아파왔다. 쓰다 보니 내 몸이 얼마나 망가졌나 자랑하는 것 같아 민망하다. 이런 고장 말고도 남들은 평생 한 번도 무서워하는 수술장에 일곱 번이나 들어갔다. 한마디로 종합병원 특급 VVIP 고객인 셈이다. 그런 지경인데도 뛰고 싶다는 마음은 떠나가거나 잠잠해지지를 않았다. 고수부지를 걷다 보면 뛰어서 곁을 지나치는 사람들을 수없이 보게 된다. 그때마다 나도 모르게 한숨을 쉬었다. 그래도 무서워서 뛰어볼 엄두는 내지 못했다.

새벽 시간에 요가를 하다가 뛰는 이야기가 나왔다.
"선생님, 내가 다른 것은 다 포기해서 괜찮은데 정말 꼭 한 번만이라도 뛰어보고 싶어요."
"그럼 뛰세요."
"아니에요. 저 못 뛰어요. 마음이 그렇다는 거죠."
"아니에요. 하실 수 있을 것 같아요. 일흔이 넘은 분도 뛰시는데요."
"그분들은 젊어서부터 뛰던 분이죠. 이제부터 시작하는 건 불가능해요. 게다가 나는 성한 데가 없잖아요."
뛸 수 있을 거라는 요가 선생님을 상대로 내가 뛴다는 것이 얼마나 얼토당토않은 생각인가를 설명하고 설득하다 보니 '아니, 절대 불가능한 것만은 아닐지도 몰라' 하는 생각이 불쑥 솟았다.

"그런데 그 일흔 넘은 분은 어떻게 뛴대요?"
"달리기 선생님이 옆에서 봐주면서 조금씩 뛰셨대요."
"저 그 달리기 선생님 소개해주세요."
"내가 아는 분 소개해드릴게요."

그 달리기의 첫날이었다. 약속한 트랙으로 갔다. 말이 트랙이지 시민들 걷기 좋으라고 400미터 운동장의 형태로 흙길을 만들어놓은 곳이었다. 운동깨나 했음 직한 작은 체구의 트레이너를 한눈에 알아봤다. 인사를 나누고 내 몸의 상태를 설명했다. 장황한 설명의 요지는 '이렇게 종합적이고 총체적으로 망가진 몸이니 달릴 수 있도록 알아서 조심스럽고 세심하게 인도해주십시오'였다. 심지어 뒤로 돌아서 옷을 들추고 수술 자국도 보여줬다. 별로 감동하는 표정이 아니다. "아, 그러세요"가 고작이다. "얼마나 불편하세요? 다리를 들어 올리거나 특정 동작이 불편하지는 않으세요?" 아니면 "조심해서 이러저러한 동작은 피하고 이리저리 하시지요" 등의 말도 없다. 더럭 불안해졌다. '이러다 더 고장 내는 거 아니야?'

"다른 운동은 좀 하세요?" 질문을 받으니 좀 희망적이다. "걷기는 해요. 주말엔 10킬로도 걸어요" "골프도 치긴 하고 PT, 요가도 해요" 떠들어대다 아차 싶었다. 몸이 불편하니 조심해서 가르쳐달라는 게 아니라 거꾸로 운동깨나 많이 한다는 자랑처럼 되어버렸다. 그렇게 드디어 달리기 프로젝트의 첫날을 시작했다.

"고관절을 풀어야 하니 기둥을 잡고 따라 하세요" 하며 다리를 들었다 놓았다 하는 준비운동부터 시킨다. 이 첫 운동부터 겁이 났다. 공을 차는 동작을 하면 영락없이 허리 옆에 있는 다열근을 다쳐 며칠씩 고생을 하기 때문이다. 조심스럽게 다리를 흔들어가며 고관절을 푸는데 괜찮다. 역시 뭐든 갑작스러운 움직임이 말썽인 법이다. 앞으로 흔들고 뒤로 흔들고 좌우로 흔들어 고관절을 풀었다.

그러고 나서는 발동작을 연습했다. 뒤축부터 닿아 앞쪽으로 옮겨가는 방식으로 뛰면 무릎에 충격이 커진단다. 그래서 발바닥 전체가 닿듯이 내려놓고 발목에 힘을 뺀 채 들어올리는 식으로 왔다 갔다 하라고 한다. 쉽지는 않지만 시키는 대로 최선을 다해 한참 흉내를 냈다. 이어서 런지 자세를 취하며 앞으로 나아가는 운동을 하라고 한다. 여기까지 하니 벌써부터 땀이 솟고 다리가 뻐근하다.

"아니 이게 준비운동이에요? 이거 하다 쓰러지겠네" 볼멘소리 해가며 따라 했다. 그렇게 30분 가까이 몸을 풀었더니 다리와 관절에 삐거덕거리는 곳이 없다. 내 스스로도 몸이 부드러워졌다고 느끼는데 "자, 이제 걸어보실까요?" 한다.

당연히 걷기부터 시작하려니 생각은 했지만 잠시 서운하다. 그래도 혹시나 뛰어보라고 하지 않을까 기대를 했기 때문이다.

"이 트랙이 400미터거든요. 반은 걸어서 가고 반은 가볍게 짧은 보폭으로 걷듯이 뛰어보시지요" 걷듯이 뛴다고? 그게 말이야 방귀야? 걸으면 걷는 거고 뛰면 뛰는 거지. 속으로 투덜대며 나란히 걸었다. 그리고 200미터가 지나 드디어 첫 달리기를 시작했다. 아까 배운 발디딤법을 놓치지 않으려고 애쓰며 짧은 보폭으로 참으로 볼썽사납게 뛰었다. 뛰는 자세 같지만 걷기나 매한가지인 종종걸음이었다. 조금이라도 내 보폭이 넓어지거나 빨라지면 옆에서 지적이 날아온다. "그렇게 가시면 피로가 쌓여 힘들어져요. 더 짧게 뛰세요" 코치가 옆에서 계속 내 속도를 잡아 내린다. 고수부지에서 "저렇게 종종걸음으로 뛰려면 그냥 걷지 뭐 하러 뛰나?" 생각하며 바라보던 모습이 내 꼬락서니가 됐다.

그렇게 다섯 바퀴를 돌았다. 종종걸음이긴 하지만 첫 달리기를 했다. 정리운동을 한 10여 분 했다. 숨쉬기가 정상으로 돌아오고 심장이 제 속도를 찾고 첫날 운동을 끝냈다.

집으로 돌아오는데 뛸 수 있을 것 같다는 가능성에 정말 춤이라도 추고 싶었다. 고작 2킬로를 반으로 나눠 뛰었을 뿐이고 그마저도 종종걸음을 넘어서지 못했지만 그래도 나도 뛸 수 있을 것 같다는 생각에 눈물까지 솟았다. "그래, 이대로 가자. 10킬로만 뛸 수 있으면 만족이다." 목표를 세웠다.

아내가 묻는다. "어땠어?" "운동하고 나서 만족감이 말도 못해" 신나서 자랑을 했다. 또 시작이군 하는 표정으로 바라본다. 뭐든 새로운 것을 하면 신나하는 내 버릇을 잘 아는 탓이다.

달리기를 향한 나의 포기 못한 꿈은 나이 일흔이 거의 다 되어 그렇게 시작했다. 몇 달이 지나자 800미터 뛰고 200미터 걷는 식으로 4킬로를 쉬지 않고 갈 수 있게 됐다. 뛰고 오는 아침이면 행복감에 날아갈 것 같았고 몸의 에너지 레벨이 올라가서 다른 운동을 해도 기운이 넘쳤다.

이제 날이 풀리면 다시 뛰러 가야지 다짐을 한다.

이상한 대화

대책이 없는 아저씨들의 대화를 듣고 있는 젊은이들이 어떤 생각을 할까 자주 궁금하다. 나이 든 내가 듣기에도 거북할 때가 많으니 말이다. 나이 들어 젊은 사람들 불편하게 하는 일 중 상당수는 공감하려 노력하지 않고 내 이야기만 쏟아내려 하는 것이다. 심지어 상대가 뭐라 하든 내 말만 먼저 뱉어내는 이상한 대화 방식에 익숙한 사람들 참 많다. 젊은이들이 절레절레 고개를 흔드는 것도 무리가 아니다.

지인이 아들의 결혼 축하 전화를 해왔다.

아, 박용만 회장님, 오랜만입니다.
아, 네, 오랜만입니다.

박 회장님 며느리 보셨다면서요? 축하드립니다.

아, 네, 감사합니다.

페이스북에 그 놀이기구 타고 비명 지르는 며느리가 새 며느리시죠?
아니요, 그 동영상은 둘째입니다. 재작년에 올린 건데요, 하하.

아, 그럼 이번 새 며느님이 둘째시군요, 하하.
아뇨, 이번이 큰아이입니다, 하하.

아, 네, 그럼 그 비명 지르는 며느님이 큰며느님이시군요, 하하.
아뇨, 그 아이는 둘째입니다, 하하.

아, 네, 그럼 이번에 둘째 며느님을 보신 거네요, 하하.
네, 둘째입니다. 앗, 아닙니다. 이번이 큰애입니다, 허허.

허허, 네, 그러시군요. 큰며느님과 그렇게 동영상도 올리시고 참, 허허.
허허, 아뇨. 그 아이는 둘째입니다.

앗, 그러신가요? 암튼 축하드립니다, 하하하.
네, 암튼 감사드립니다, 하하하.

전화를 끊고 대화를 한참 생각해서 복원을 해야 했다. 대화는 주고받는 것이고 마음을 표현하고 마음을 읽는 과정이다. 그게 아니라면 그냥 발표일 뿐이다. 그래서 나는 오늘도 내가 한 대화들을 복기해보며 내가 대화를 했는지 발표를 했는지 돌아본다.

스마트폰에서 잘 모르는 새 기능이 있으면 젊은 친구를 불러서 묻곤 한다. 물어보면서 별로 부끄럽지도 않고 나는 당연히 모르는 게 맞다는 생각까지 든다. 이렇듯 요즘 세상의 도구에 익숙지 않아도 당연한 일이며, 모르는 나를 이해해줘야 한다고 생각하는 것이 어른들의 나쁜 버릇이다. 시대가 바뀌어가는데 적응 못하는 것이 어떻게 당연한 일이냐고 묻는다면 마땅한 답도 없는데 말이다.

그런데 대화의 주제가 인생 이야기로 바뀌면 갑자기 내가 백과사전이고 젊은이들은 일자무식인 것으로 착각하기 시작한다. 바뀐 시대에는 서툴면서 세상 오래 살아 경험 많은 내 말대로 따라 하라고 우긴다. 젊은이들이 볼 때는 오늘도 못 따라오면서 내일을 더 잘 안다고 우기는 어른의 말은 모순일 뿐이다. 게다가 내일을 더 잘 안다는 근거가 어제의 경험 때문이라면 더욱 공감을 받기 어려운 일이다.

내일을 이야기하려면 특히 공감이 있는 대화가 필요한

법이다. 내일은 아직 오지 않았기에 단정적으로 말할 수 없고 주장을 증명할 증거도 없다. 미래는 불확실하며 아무도 정확히 미리 알 수 없는 것이다. 그러니 미래에 대해 대화를 하려면 과거의 경험이 과연 미래에도 적용될지, 지금 하는 예측이 과연 얼마나 근거가 있는지 살펴야 한다. 어제의 경험을 주로 가진 사람과 지식에 의한 예측을 주로 가진 사람 사이에 서로 내 말이 맞다는 주장만 해서는 대화가 될 수 없다. 둘 다 가치 있고 중요한 식견이긴 하지만 서로 공감할 만한 대화를 나누어야 함은 분명한 일이다.

호기심과 불확실성

아침에 눈을 뜨면 바로 무엇이든 먹어야 한다. 한 움큼씩 알약을 털어 넣어야 하니 그 전에 뭐라도 먹어야 하는 것이다. 배가 고프거나 먹고 싶은 것이 있어서가 아니다. 약을 먹기 위해서 먹어야 한다는 사실이 아침마다 그다지 반가운 일은 아니지만 최대한 즐겁게 맛있게 먹으려고 애쓴다. 그래야 내 몸에 좋을 거라고 믿으니까.

요구르트를 하나 따서 퍼먹고 주방을 나서는데 아내가 묻는다.
"코에 또 뭘 묻힌 거야?"
요구르트 뚜껑을 따버리면 내려놓기도 그렇고 처치해야 하는 것이 두 개가 된다. 그래서 나는 요구르트를 따되 일단 붙인 채로 뚜껑에 묻은 요구르트를 핥아 먹는다. 그러고 나서 뚜껑을 젖힌 상태로 나머지 요구르트를 떠먹는다. 이렇게 하면 통과 뚜껑을 한 번에 처리할 수 있다. 아무튼 그러다 보니 코에 요구르트가 자주 묻는다.

"아니 뭘 먹을 때마다 코에 묻히고 다녀?"

핀잔을 주지만 서로 마주 보며 웃는다.

부부란 그런 것이다.

꼭 결혼이라는 과정을 거쳐 맺어져야만 이런 사이가 가능할까? 그 답은 아마도 아닐 것이다. 연인 사이라도 깊은 신뢰와 사랑으로 죽을 때까지 같이하면 되는 일이다. 그래서 혼기를 놓친 후배들에게 결혼에 대해 강박은 갖지 말라고 이야기해주곤 한다.

잘못한 선택이 나중에 헤어짐으로 이어질까 미리 걱정하기 때문에 결혼을 피한다면, 연인 사이에서도 제대로 된 관계를 이어가기는 불가능하다. 연인 사이의 헤어짐은 쉬운가? 결혼을 한들 마찬가지다. 결혼도 헤어지면 그만이긴 매한가지다. 단지 헤어지는 과정에서 후유증이 조금 더 남을 뿐이다.

기본적으로 연애가 자꾸 하고 싶은 것은 인간에 대한 호기심 아니겠나. 호기심의 뒷면은 불확실성이다. 불확실하기 때문에 호기심이 생기는 것이다. 그런데 불확실성은 없애고 확실해야 하는 것이 결혼 아닌가? 그러니까 한쪽에는 호기심과 불확실성이 있고, 반대편에는 익숙함과 확실성이 있는 시소를 타고 있는데, 나이가 먹으면 불확실성에 대한 호기심을 충족시키는 것보다 불확실성을 줄이고 편안한 익숙함을 취하는 쪽이 좋아지는 것이다.

신뢰할 수 있을 때 결혼이라는 큰 약속을 한다. 그런데 역설적으로 동반자에 대해서 안심할 수 있고, 믿을 수 있고, 기대고 서로 의지할 수 있다면 제도를 통해 결혼이라는 행위를 꼭 해야만 하는 것은 아니다. 그래서 결혼 적령기를 놓친 친구들에게 사랑과 신뢰가 먼저라고 늘 이야기한다.

약속 장소가 같은 방향이어서 가는 길에 아내를 먼저 내려줬다. 차 안에 앉아 건물로 들어가는 모습을 지켜본다. 무릎이 시원치 않으니 계단을 혼자 내려가는 뒷모습이 불안하다. 지금이야 내가 차로 데려다주고 지켜보니 안쓰러워도 견딜 만하지만, 만일 내가 없고 혼자 저렇게 걸어 내려간다고 생각을 하면 그 상상만으로도 가슴이 무너진다. 부부란 그런 것이다.

부부가 서로에게 필요한 존재가 되면 결속도 단단해지는 법이다. 하지만 공감과 공유가 아닌 필요에 의해서만 맺어진 관계는 아무 의미가 없다. 남편의 돈벌이가 끝나면 바로 이혼 서류를 내민다는 일본의 이야기를 읽었다. 돈벌이라는 역할 때문에 맺어져 있던 거래관계였다고 해야 하나? 돈을 제대로 못 벌면 남편이 아닌가? 마찬가지로 가사 노동을 제공할 수 없으면 아내 노릇 못 하는 사람이라는 이 사회의 그릇된 생각은 자신의 직업을 갖고 일하는 많은 여성에게 가사 부담까지 일방적으로 부가한다. 살림을 제대로 안 하면 부인이 아닌가? 심지어 성적인 매력이 감소하는 나이면 외도가 이해될 수 있는 일인가?

부부는 정신적으로 서로에게 필요한 존재가 되어야 함은 물론, 영적 파트너가 되어야 한다. 내가 가장이지만 마음속에선 아내가 내 우산인 법이다.

사랑받고 있다는 감각

"할아버지랑 치즈케이크 만들자."

어제 오후에 손주를 보다가 한마디 해놓고는 아차 했다. 내가 왜 고생을 사서 하나 싶었다. 하지만 이미 때는 늦었다.

도대체 만들기에 집중이 곤란할 정도로 수백 개의 질문이 끊이질 않는다. 다 끝내서 냉장고에 넣고 나니 머리가 띵하다. 오늘 아침엔 시식하기 위해 그걸 꺼냈는데 또 시작이다. 대답하랴 자르랴 사진 찍으랴 정신이 없다. 그래도 그게 즐거움이니 괜찮다.

"맛있어?"
"네!"
피곤이 싹 가신다.

심심해하는 손자들에게 도넛 같이 만들자고 한 것은 바

보 대작전이었다. 반죽하는 동안 중단 없이 싸우더니 반죽 부풀리느라 잠시 숨 돌리려고 궁둥이 붙이자마자 하나씩 교대로 울고 짜고 난리다. 간신히 둘을 달래고 TV 틀어 주의를 분산시키고 나니 도넛 성형할 시간이 됐다. 이번엔 '내 것은 왜 저것보다 작냐' '할아버지는 왜 여러 개 하고 난 하나냐' 끝이 없다.

온몸이 파김치가 됐고 내가 이 바보짓을 왜 자초했나 후회막급이다. 그래도 아침에 고사리손에 쥐여주며 맛있냐고 물어보면 "네에에!" 하는 대답에 며칠 후 바보 대작전을 또 벌인다.

손녀와 간신히 의사소통하며 감자샐러드 만드는 법을 가르친다. 혼자 해보라고 하면 절대 못하겠지만 나름 자기도 할아버지와 같이 조리를 한다는 자부심이 하늘을 찌른다.
"자, 이제 맛보자. 어때, 맛있어?"
"네!"
난 이미 답을 안다. 자기가 했다고 자랑해야 하는데 맛없다고 할 수 없다.

나도 모르게 툭 아이디어 던져서 일을 벌이고는 이내 후회하는 것이 아이들과의 놀이다. 지금 손주들뿐이 아니라 내 아이들이 어릴 때도 그랬다. 아이들의 에너지 레벨을 어른은 절대로 따라갈 수가 없다. 그러니 같이 하는 놀이를 할 때에는 항상 주의해야 한다. 까딱하면 아이는 더 못 놀아 불만인데 어른은 나가떨어질 가능성이 있다. 그래도 시간이 지나면 나도 모르게 또 일을 벌인다.

아이들은 이런 경험을 언어로 정리해서 설명하지 못한다. 그러나 마음속에 뚜렷한 기억을 남긴다. 사랑받고 있다는 감각을 온몸으로 기억하는 것이다. 젊은이들을 만나며 내가 얻은 진리는 사랑을 충분히 받고 자란 아이들은 그 흔적이 보인다는 것이다. 늘 하는 이야기지만 아이들은 내가 원하고 계획한 대로 자라지 않는다. 내가 주는 사랑의 기억으로 자란다. 그래서 부모도, 학교도, 지식의 전달보다 먼저 사랑을 얼마나 주고 있는가를 생각해야 한다.

눈높이를 정해놓고 그에 미치는가 아닌가를 평가하기 시작하면 아이들은 그 눈높이에서 모자라는 자신을 보게 된다. 우리 교육의 가장 큰 문제 중 하나가 바로 이것이다. 자라나는 아이들은 당연히 모르고 모자랄 수밖에 없다. 자라나며 하나씩 배우고 얻을 때마다 칭찬하고 인정해줘야 다음을 향해서 갈 에너지를 얻는 법이다. 늘 더 해야 할 숙제와 부족한 점을 강조하면 아이들은 앞으로 나아갈 에너지를 잃고 자기방어부터 배운다.

회사에서 일할 때 젊은이들을 대하며 항상 그것이 가슴

아팠다. 어린 시절 입시를 목표로 모자라는 점수에 얼마나 시달렸을까 생각했다. 그래서 기왕이면 같은 말이라도 다르게 해주고 싶었다.

말주변이 부족한 사람이 아니라 더 신중히 말하는 사람일 뿐이다.

출발이 늦은 사람이 아니라 준비를 더 충분히 한 사람일 뿐이다.

누가 당신에게 부족한 점이 많다고 말하던가.

우리에겐 좋아질 수 있는 점이 더 많아 보인다.

기억을 부르는 맛

"할머니, 밥 먹기 싫어."
"그럼 김치밥 해줄까?"

비가 추적추적 오는 날 종일 방 안에 있으며 이것저것 군것질을 하고 나면 밥 생각이 없었다. 그런 날은 할머니가 김치를 넣고 솥밥을 해주셨다. 솥에 김치를 볶고 난 후 그 위에 쌀을 얹어 밥을 짓는다. 지어진 밥을 주걱으로 뒤집으며 아래 깔린 김치를 밥과 잘 섞어주면 구수한 냄새가 피어오른다.

할머니는 양념장을 절대 한 번에 다 넣고 비벼주지 않으셨다. "우리 새끼 짜다" 하시면서 딱 두어 술에 맞을 만큼의 양념장을 얹어 얼기설기 비벼서 주셨다. 그걸 먹고 나면 다시 딱 그만큼의 양념장을 얹어주셨다.

"저녁은 뭐 해 먹을까?"

아내의 물음에 비 내리는 창을 바라보다 반사적으로 답을 했다.

"김치밥 해 먹자."

기억을 더듬어 김치밥을 해놓으니 아내가 맛있다며 정말 잘 먹는다. 아마 지금 내가 아내를 보며 느끼는 기분으로, 할머니도 나를 바라보셨겠지 싶다.

어쩌다 불고기를 해주실 때는 고기를 다져서 양념을 한 다음 석쇠에 구워주셨다. 요즘도 '바싹 불고기'라는 이름으로 이렇게 해주는 집이 몇 군데 있다. 그때는 고기를 덩어리로 구워서 먹는 어른들이 부러웠다. 게다가 다져 넣은 양념에서 느껴지는 파의 맛도 싫었다. "왜 나만 이렇게 해줘? 왜? 왜?" 불평했지만 사실 그편이 손이 더 많이 가는 음식이다. 작은 입에 씹고 삼키기 편하라고 해주신 건데 그때는 불만이었다. 어른이 되고 할머니가 돌아가신 후에야 식당에 가서 그 불고기를 먹을 때마다 그 시절 기억들이 하나씩 돌아오며 회한이 되어 가슴을 할퀸다.

"이 떡 뭐야?"
"그거 엄마가 잘하던 떡이잖아."
"어디서 났어?"
"엄마 집 근처 떡집에서 사 왔어."

장모님 돌아가시고 얼마 지나지 않았을 때였다. 집에 떡이 한 그릇 있길래 떡 싫어하는 내가 웬일로 자발적으로 하나를 집었다. 그런데 나이 탓인지 식성의 변화 탓인지 그 떡이 입에 달았다. 한 그릇을 다 먹고 나서야 떡의 출처를 아내에게 물었다.

돌아가신 장모님은 떡과 김치 잘하시는 것으로 소문난 분이셨다. 그런데 나는 젓갈 맛이 진한 장모님 김치를 별로 좋아하지 않았다. 아내가 서울식으로 담가주는 김치가 더 좋았다. 게다가 젊은 시절 나는 떡을 싫어했다. 거들떠보지도 않다 하나 입에 넣어주면 오만상을 찌푸린 채로 대강 삼켜버렸다. 서양식 페이스트리만 좋아했다. 남편이 그다지 좋아하질 않으니 아내도 배우는 데 소극적이었고 장모님 음식은 처가에 갈 때만 어쩌다 맛보는 음식이 됐다.

그런데 그 떡이 돌아왔다. 딸이 배우질 않는 데다 연세가 드셔서 힘이 부치신 장모님은 댁 근처 떡집에 가르쳐주시고 그 방식대로 만든 떡을 사다 드셨다고 한다. 그 떡이 내 입에 달게 맞았을 때 이미 장모님은 돌아가신 뒤였다. 그 솜씨가 이어져 다행이다.

내리사랑은 이렇게 먹거리로도 남는다. 손주들이 내가 해줘야만 좋아하는 음식들이 있다. 할아버지표 스파게티는 보통 볼로네제라고 하는 소스로 한다. 손주들 준다고 이 소스를 만드는 날은 고기를 사다가 내 손으로 다진다. 슈퍼에서 파는 다짐육은 왠지 손이 가질 않는다. 어떤 고기를 갈았는지 보질 못하기 때문이다. 고기를 준비하고 나면 양파를 다지고 기름 적은 베이컨을 잘게 썰어놓는다. 바닥 두꺼운 냄비를 데워서 고기를 바싹 익힌다. 고기가 어느 정도 익으면 건져놓고 베이컨, 양파 순으로 볶는다. 양파가 투명해지면 다시 고기를 넣고 레드와인 한 잔을 부어 졸인다. 한식 잘하는 아내는 이렇게 순서에 따라 양을 정확히 맞춰 요리하는 내 방식을 탐탁지 않아 한다. "뭘 그렇게 유난스럽게……" 하며 비웃기까지 한다. 그래도 난 꿋꿋하게 원칙대로 해나간다.

토마토소스를 붓고 끓어오르면 월계수 잎을 넣은 후에 오븐에 한 시간 정도 익히면 완성이다. 면 삶아 한 그릇씩 주고 남은 건 몫몫이 나눠 얼려서 보내준다. 아이들이 "할아버지 스파게티!" 하면 며느리가 데워서 면에 얹어주기만 하면 된다.

치즈샌드위치도 내가 해줘야만 좋아하는 메뉴다. 손주가 초등학교 1학년 때 수업 끝나는 시간이 가까워오면 만들곤 했다. 식빵을 꺼내 한쪽에는 머스터드를 바르고 다른 쪽에는 가을에 만들어둔 블루베리잼을 아주 조금만 바른다. 버터 두른 팬에 이 식빵을 올리고 치즈를 얹은 후에 반대쪽 식빵을 덮는다. 빈 냄비로 눌러가며 익히다 뒤집어 버터를 다시 두르고 굽는다. 겉이 바삭하게 익으면 가장자리를 잘라서 포장한다. 이 샌드위치를 들고 아이 학교 앞에 가면 하나같이 내 아들보다 어린 엄마들이 기다리고 있다. 그래도 꿋꿋이 그 속에 서서 나도 함께 기다렸다.

수업이 끝나고 나오다 내가 눈에 띄면 "할아버지"하고 달려오는데 그때가 내 노동에 대한 보상을 받는 순간이다. 이제는 학교에 데리러 갈 일은 없지만 아직도 가끔 휴가를 같이 가면 아침에 해주곤 한다. 그럴 때마다 내가 지금 할머니 생각하듯 아이들도 이다음에 이 음식으로 나를 기억하겠지 그려본다.

사랑이 바탕에 있으면

사랑은 감정일까.

감정이 전부는 아니다.

일관되고 사려 깊은 행동을 하는 것도 사랑이다. 상대가 싫어하는 일을 안 하고 피하는 것도 그 하나다. 상대가 슬픈가 기쁜가 미리 헤아려보고 배려하는 것도 마찬가지다. 세상에 쉬운 일이 없다. 사랑도 마찬가지다. 감정의 소용돌이가 휘몰아치며 불타는 사랑이 저절로 늙을 때까지 유지되지는 않는다. 끊임없이 생각하고 결정하고 참고 노력하는 일련의 행동이 낳는 결과가 사랑이다. 연인 간의 사랑은 자신의 선택에 의한 것이니 이게 정말 사랑일까 끊임없이 반문하게 되지만 자식을 향한 사랑을 떠올리면 답은 오히려 분명해진다.

사랑은 보상을 받아야만 하는 것은 아니다. 나도 보상을 바란 적이 있다. '나는 이렇게 해줬는데……' 심지어 '누구 아내는 저렇게 해주던데' 따위의 생각을 해본 적도 있다. 그런데 세월 가고 같이 나이 먹다 보니 그게 아니었다. 자식을 낳아 길러보고 손주가 생기는 변화를 겪으며 사랑은 보상이 있어야만 하는 것이 아님을 알게 됐다. 내 사랑을 받을 자격이 있어야만 사랑을 주는 것이 아니고, 나도 무엇인가 받아야만 사랑이 지속되는 것도 아니었다.

'아내가 이것만 바꿔주면 좋겠는데' '아들놈이 이렇게만 하면 정말 업고 다니겠다'라는 생각들도 다 부질없었다. 아내건 자식이건 상대를 내가 원하는 대로 바꾸는 데서 행복이 오는 것이 아니었다. 그보다는 내가 마음을 바꾸는 편이 나았고, 아예 누구도 바꿀 필요 없이 있는 그대로 사랑해야 한다는 생각이 들었다. 왜냐면 존재 자체로 사랑인 사람들이었고, 아무리 원망스러워도 그 원인조차 사랑 때문이었다.

그래서 '사랑이 웬수'란 말이 생겼나 보다. 자식 놈 걱정에 잠 못 자며 마음고생할 때는 정말 그 녀석이 원수 같을 때도 있다. 하지만 아침이 훤하게 밝아와 '이놈이 밥은 먹었나?' '잠은 제대로 잤나?' '내가 마음을 바꾸면 별일도 아니지' 생각하면 내 마음이 먼저 편해졌다.

싫은 소리로 시작했다가도 허허 웃고 끝나는 일이 대부

분이다. 참을성이 많아서도, 도를 닦아서도 아니다. 하찮은 일이라서도 아니다. 상처보다 치유를 생각하며 웃고 지나갈 수 있는 이유는 사랑이 바탕에 있기 때문일 거라 믿는다.

완전한 성인이 되려면

주말 아침, 오래된 노래이긴 하지만 리오 세이어Leo Sayer의 〈I feel like dancing〉을 틀어놓고 앞치마를 하고 주방에 선다. 음악에 맞춰 엉덩이를 약간씩 흔들어가며 반죽을 시작한다. 오늘은 손자들에게 도넛을 만들어주는 날이다.

물론 누구나 요리가 취미인 나처럼 도넛까지 만들어야 하는 건 아니다. 하지만 남자도 음식 몇 가지는 할 줄 알아야 하고 자기 먹거리를 챙겨 먹을 정도는 되어야 한다.
'어릴 때 부모님이 사내자식은 부엌에 드나드는 거 아니라고 했다'든가 '남자가 라면 끓이는 정도면 됐지'라는 말은 이제 부끄러운 소리다. 말마다 남자 남자 붙여가며 자기 못난 것을 강조하고 싶은가? 배고프면 배고픈 인간이 먹을 것을 해결해야 한다. 남자 여자 따지면 따질수록 구닥다리에 배만 고프다. 남녀가 다름없어진 지가 언제인데 아직도 그 이전의 역사 속에서 못난 나를 찾으려 하는가.

   조금 더 현실적으로 따져볼까? 마음이 가는 사람에게 (1) 우리 집에 초대할게요. 내가 준비한 저녁 드실래요? (2) 싸나이는 밥하는 거 아니다. 요리는 그대가……. 이 둘 중 어느 남자가 더 어필할 것 같은가 물어보기 바란다. 답은 99퍼센트 1번이다.

"아내랑 좀 다퉜어요."
"뭣 땜에 싸웠어?"
"속옷 좀 새로 사다 달라고 했는데 영 골라다 주질 못해요."
"그럼 자네가 가서 사."
"제가요? 저보고 속옷을 사라고요?"
"백화점 가면 널렸는데 왜 못 사?"
"못 사는 것은 아니지만 그래도 그런 건 아내가 사다 줘야죠."

   이 정도 되면 한바탕 푸닥거리를 좀 해야겠구나 직감한다. 그래서 평소보다 목소리를 높여서 그 보수적인 뇌를 고쳐주기로 했다. 그런데 이 친구가 고집을 꺾지 않는다. 그 친구에 대한 애정이 없으면 내가 굳이 목소리 높여가며 타이를 필요도 없다. 그런데 부부 두 사람을 다 잘 아는 나로서는 그런 일로 다툴 때는 도와줘야지 싶었다. 가사를 전담하는 아내의 역할 속에 남편 돌봄도 대부분 포함되어야 한다는 생각을 고집하는 친구를 한참 타이르다 결국 마지막으로 한마디를 했다.

"우리 대부분은 직업이 따로 없다면 아내가 살림을 맡는 것을 당연하게 여기기 쉽지. 그런데 말이야. 직업이 없더라도 아내가 가사를 맡는 것은 선택이야. 무조건 꼭 해야 하는 절대적 의무는 아니란 얘기야. 고맙지, 살림 잘 해주면. 고마워하니 아내도 기꺼이 하는 것이고. 우리 모두 이렇게 서로를 배려하는 마음에서 기꺼이 하는 일들이라고 감사해야 해. 남자는 돈 벌어 오고 아내는 살림을 하는 게 당연한 것은 아니야."

볼멘 얼굴로 나를 배웅하는 모습을 보니 그 녀석 생각 바꾸기 쉽지 않겠구나 싶었다. 그런데 며칠 후 그 친구의 아내가 내게 물어본다.
"회장님, 그날 남편에게 뭐라고 하셨어요?"
"아니 뭐 별로. 왜?"
"남편이 달라졌어요."
"아, 그래? 그럼 잘된 거야? 아닌가?"
"잘된 거죠, 하하하."
이야기를 가슴에 조금이나마 담아준 그 친구가 고마웠다.

두 사람 모두 내게는 소중한 친구이기 때문이다.

　남녀를 따지기 전에 같이 사랑하며 살아가기 위해 내가 할 일은 알아서 하는 것이 어른이다. 추우면 자기가 양말 꺼내 신고 배고프면 알아서 뭐든 찾아 먹는 사람이 제대로 두 발로 선 완전한 성인이다.

친구가 돈을 꿔달라 하면

"좋은 사람을 알아보는 방법이 있나요?"
"한결같은 친구."
"회장님 사철나무 싫어하시잖아요. 한결같은 거 싫으시다면서요. 너무 예측 가능한 것은 재미없다고요, 하하."
"관계는 한결같은 것이 좋지. 나에 대한 사랑이 크든 작든 내가 한결같이 좋아하는 사람, 그럼 좋은 친구지. 또 한결같이 내게 우정을 나눠주는 친구도 좋은 친구야."

주는 것만큼 받는지 재는 행위는 사랑도 아니고 우정도 아니다. 그 우정은 오래갈 수가 없다. 그러니까 내가 그냥 준 것으로 만족할 수 있고, 상대가 나한테 주지 않아도 괜찮은 관계가 좋은 친구라 생각한다. 그리고 두 사람이 서로에게 그런 마음이면 한결같이 갈 수 있는 관계다.

"친구가 돈을 꿔달라 그럴 때는 어떻게 하세요?"

한마디로 참 난감하다. 어려운 숙제 중의 하나다. 이 돈을 돌려받지 않아도 괜찮으면 꿔주고 그렇지 않으면 꿔줘서도 안 된다. 내가 돈이 많고 적고와 상관없는 일이다. 물질적으로 괜찮은 것보다도 심정적으로 정말 괜찮을 수 있어야 한다는 뜻이다.

평생을 나한테 부탁만 해오는 친구를 한꺼번에 정리한 적이 있다. 괜찮았다. 후회스럽지도 않고, 그 이후가 훨씬 행복했다. 거절을 잘 못하는 성격이라 늘 부담이었는데 결행을 하고 나니까 너무 속 시원하고 좋았다.

나를 이용만 하는 친구는 나쁘다. 친구가 어떤 면에서 힘을 쓸 수 있다면 좀 이용해도 그 자체가 꼭 나쁜 행동은 아니다. 서로 도우며 살아가는 세상이니까. 그런데 친구를 일종의 자원으로만 생각하는 사람, 필요할 때만 그 자원을 동원하기 위해 연락하는 사람은 나쁜 친구다.

내게 필요할 때만 연락하는 친구가 있다. 그러는 그 친구가 싫다. 그렇다면 내가 그에게 한결같이 베풀기는 싫은 관계다. 그때는 이미 좋은 친구가 아니다.

반면에 늘 내가 베풀기만 해도 싫지 않은 친구가 있다. 그는 좋은 친구다. 내가 한결같으니까. 옆에서 보는 사람이 "그 친구는 자네가 필요할 때마다 연락하는데 괜찮아?" 묻는다. 그럼 답한다. "다른 사람이 그러면 불편하겠지만 그 친구는 좋은 친구예요. 내가 한결같이 그가 좋으니까요."

월요병 극복법

"일어나셔서 제일 먼저 하시는 일과 자기 직전에 하시는 일은 무엇인가요? 매일 조금씩 다를 수는 있지만 루틴 같은 거요."

"일어나서 제일 먼저 하는 일은 몸에 부담 줄이기죠. 누워 있는 상태를 일곱 시간, 여덟 시간 지속했으니 일어서는 것 자체가 척추에 부담이 되고, 관절에도 부담이 되거든요. 밤새 바닥에 누워 있던 80킬로나 되는 덩어리를 지상 1미터 이상까지 들어 올리려면 얼마나 힘들겠어요? 그러니까 그 부담부터 먼저 줄여줘야지."

"어떻게요?"

"싸야지, 하하하. 그걸 뭐 어렵게 물어봐. 너무나 쉬운 건데."

"에이, 뭔가 다른 게 있을 줄 알았어요."

농담부터 한마디 던지니 깔깔 웃으며 대화가 시작된다. 나는 이렇게 웃으며 이야기를 시작하는 것이 참 좋다. 실제로 누워 있는 상태에서 일어설 때 관절과 근골격의 부담을 줄여주는 일을 제일 먼저 한다. 누운 채로 허리를 뒤틀어 스트레칭을 하거나 무릎을 당겨주고 아니면 다리를 쭉 뻗고 발끝을 최대한 앞으로 당겨서 아킬레스건을 늘려주기도 한다.

한참 일하던 때 생각이 난다. 아침에 눈을 뜨면 몸의 상태가 나쁜 날이 있다. 병이라 생각될 만큼 아프면 병원에 가거나 결근도 생각해보겠지만, 불행히도 그 정도는 아닌데 몸이 천근만근 무겁고 고단할 때가 있다. 물론 시간이 있으면 뒹굴뒹굴하고 쉬다가 일어나겠지만, 거의 대부분은 몸 상태에 상관없이 나가야 했다. 달리 방법이 없었다. 몸이 나쁘건 좋건 아침이 되면 나를 기다리는 일자리가 있으니 기계처럼 나가는 수밖에. 대신에 저녁에는 약속을 조금이라도 빨리 끝내서 일찍 들어오겠다는 다짐을 할 뿐이었다.

그런데 몸이 무거울 때는 이렇게 조금이라도 일찍 들어와 쉬거나 재주껏 피로를 줄이는 방법을 쓰는데, 가끔은 눈뜨자마자부터 기분이 나쁜 날이 있다. 몸이 아니라 마음의 상태가 좋지 않은 날인 셈이다. 회장이라고 매일이 즐거울 수 없다. 옷 입고 집을 나설 때까지 "나 정말 가기 싫다"를 수십 차례 반복하다 아내에게 대차게 한마디를 듣고 나서는 심술 난 입을 있는 대로 내밀고 출근하는 날들이 꽤 있었다.

이런 날 제일 많이 쓰는 방법은 만나면 기쁜 사람과 약속을 하는 것이다. 그것도 번개로. 이미 해놓은 저녁 약속이 끝나는 9시쯤 만나자고 하면 9시까지 기다림이 즐거웠고, 좋은 사람을 만나서 하루를 즐겁게 끝냈다. 기대와 희망의 기다림은 그 시간까지 모든 과정의 짜증을 눌러버리는 효과가 있다.

월요일에 한잔하면 일주일 내내 마시게 된다는 속설도 있고, 혹시라도 과음으로 이어지면 실제로 한 주의 초반이 조금 버겁기도 하다. 하지만 기분 좋은 약속을 하면 심지어 주말 저녁에도 다음 날 월요일 저녁에 즐거운 자리를 가질 생각에 얼른 월요일이 왔으면 싶었다. 싱글벙글 웃으며 회사에 나와 점심을 먹는데 같이한 어린 사원이 묻는다.

"회장님, 오늘 기분 좋아 보이세요. 회장님은 월요일 아침에 회사 올 때 기분이 어떠세요?"
"그냥 괜찮아. 왜?"
"저는 사실 가끔 힘들어요. 기다리는 일주일 생각하면 답답할 때가 있거든요."

월요일에 회사 가기 싫은 기분이 비단 어린 사원에게만 해당되는 일은 아니다. 사실 나도 월요일이 썩 좋지는 않았다. 기다리는 일들을 생각하면 몸도 마음도 아침에 집 나서기 싫은 것은 매한가지고 일요일에는 부담이 꽉 들어찬 채로 잠자리에 들기도 한다. 그렇다고 "나도 월요일이 싫다"라고 어린 사원에게 말할 수는 없었다.

상황을 능동적으로 끌고 나가는 것이 가능한 나와, 아무리 주인의식을 강조해도 지시를 받는 일이 많은 어린 사원은 처지가 다를 수밖에 없다.

그래서 내가 자주 택하는 방식을 가르쳐줬다.
"오랜만에 만나는 반가운 사람이나 언제 만나도 미소부터 떠오르는 그런 만남을 꼽아봐. 그리고 기다려지는 약속을 웬만하면 월요일에 잡아. 그러면 월요일이 기다려지는 기적 같은 일이 생기기도 해. 그렇게 기대에 찬 월요일 하루를 보내고 즐거운 만남도 갖고 나면 화요일도 훨씬 가벼울 수 있어. 한번 해봐."

대부분 늦게 귀가를 하니 잠들기 전까지 바빴다. 집에 들어서면 가족들과 몇 마디라도 나누고 이야기를 해야 하루를 내려놓을 수 있었다. 그러고서야 남는 짧은 시간에 기도하고 잠자리에 들었다.

하루도 빼놓지 않고 자기 전에 반드시 하는 일은 샤워하고 물을 챙기는 것이다. 종일 바깥을 돌아다니며 묻어온 온갖 냄새를 이불 속으로 가져가는 것이 싫다. 갈빗집에 다녀온 날은 이불 속에서 갈비 냄새가 나고 중국집에서 부어라 마셔라 통음을 한 날에는 짜장면의 양파 냄새가 배었다. 그러니 아무리 취해도 샤워는 꼭 해야 잠자리에 들었다.

불을 끄고 누우면 화면의 조명을 최대한도로 낮춘 다음에 뒹굴뒹굴하며 이튿날 일정 포함해서 여러 정보를 30분 이내로 본다. 자기 전에 스마트폰 보는 것이 건강에 나쁘다고 해서 멀리 놓고 자보기도 했는데 결국 매번 궁금함이 이긴다. 이 궁금함 때문에 잠이 가까이 다가오질 못하고 머뭇거린다.

내일 스케줄, 모레 스케줄, 다음 주 스케줄, 끊임없이 다시 들여다본다. 건망증으로 까먹는 탓도 있긴 하지만 젊었을 때도 계속 들여다보는 것이 습관이었다. 그러다 자투리 시간이 있으면 뭔가를 집어넣으려고 하고, 더 좋은 방법이 있지 않을까 자꾸 바꿔야 직성이 풀렸다.

다음 날 짜증 나는 일정이 있으면 더 열심히 봤다. 캔슬할 게 뭐 없나? 이 사이에 재미있는 거 넣을 게 있나? 이 고통을 좀 덜 방법은 없나?
일상이 불편한 날일수록 일정을 더 많이 들여다보고, 즐거운 일이 기다리는 날은 그다지 들여다보지 않아도 괜찮았다. 재미를 포기하지 않는 버릇이 힘든 일상을 극복하거나 일에서 균형감을 찾는 데 도움이 됐다.

 기업체 회장이라고 해서 아침에 일어나고 저녁에 잠자리에 들 때 특별한 루틴은 없다. 피로를 느끼며 잠들어 쉬어야 할 사람일 뿐이다. 드라마 속의 회장들은 잠자리에 드는 것도 점잖고 격조 있다. 위아래 한 세트의 잠옷을 입고 반듯하게 누워서 겨드랑이 아래로 이불을 덮고 천장을 응시하다 잠든다. 아침에도 눈을 뜨면 조용히 일어나 침대에 걸터앉아 회사 일이나 자식 일을 생각하며 잠시 시간을 보낸다. 이런 드라마를 많이 본 탓인지 내게도 일상에 관한 질문들이 늘 따랐다.
 드라마 속이 아닌 현실의 박 회장은 저런 모습과는 거리가 멀다. 잘 때는 위아래 제각각 손에 걸려드는 너덜너덜하게 늘어난 잠옷을 걸치고 잔다. 세트는 무슨…….

 어둠 속에서 스마트폰 들고 들여다보다 졸음이 쏟아져 전화기를 놓친다. 떨어진 스마트폰에 얼굴을 맞고는 그대로 모로 누워 잠에 든다. 아침에는 온통 까치집을 지은 머리로 일어나기 싫어 한참을 이리저리 뒹굴거리다 마지못해 일어난다. 그리고 허리가 늘어날 대로 늘어난 잠옷 바지가 흘러내리지 않게 손으로 붙들고 화장실로 간다.

 일상은 특별하지 않아야 편안한 법이다. 생각을 할 필요조차 없이 내 몸의 일부인 것처럼 무의식 속에 일어나는 일상이 좋다. 잠자리도 그렇고 아침도 그렇다.

잔소리에 필요한 꼭 한 가지

잔소리는 사랑에서 나온다. 하지만 꼭 다 귀담아들을 필요는 없다. 어른의 잔소리가 맞을 때도 많지만 옳기만 한 것은 아니다. 그래도 사랑에서 비롯된 것이라 생각하면 반발까지 하며 상처 줄 일도 아니다.

뉴욕에 사는, 타향에 둔 아들 같은 녀석이 있다. 여러 해 전에 레스토랑에서 매니저로 일하던 녀석을 알게 되어 친해졌는데 어느 날 갑자기 "저 그만두렵니다" 한다. 꽤나 열려 있다고 자신하는 나지만 직장을 때려치운다는데 무턱대고 잘한다고 해줄 수가 없었다.
"그만두고 뭐 하게?"
"좀 쉬면서 이런저런 공부도 하고 나서 제 레스토랑을 열려고요."
솔직히 참 못미더웠다. 무엇보다 '좀 쉬면서……'라는 말 때문에 그다음 말들에 대한 믿음이 사라졌다. '이제 겨우 몇 년 일한 놈이 쉬긴 뭘 쉬어!' 하는 생각부터 떠올랐다. 속으로 '이놈을 우짜나?' 하면서도 "그래, 알아서 해라"가 고작 할 수 있는 말이었다.

그러다 어렵게 첫 레스토랑을 열더니 그대로 첫해에 미슐랭 스타를 땄다. 다음 해에도 이어서 스타를 따길래 "허! 그 녀석 재주는 있네" 하고 좀 안심을 했다. 그러더니 두 해나 했을까? 언젠가 뉴욕 일정을 마치고 서울로 귀국하기 하루 전날 할 이야기가 있다길래 만나서 마주 앉았다.

"저 다른 레스토랑을 해야겠어요."
"지금 하는 레스토랑이 미슐랭 스타도 따고 괜찮은데 왜 벌써?"
다시 한번 걱정을 더럭 내 어깨에 얹어준다. 솔직히 또 못 미더웠다. 열의는 사줄 만하지만 너무 급해 보였다. 있는 레스토랑 운영하랴, 새 레스토랑 준비하랴 한 몸으로 견뎌내겠나 싶었다.

그렇게 연 두 번째 레스토랑이 '꽃Cote'이다. 늘 자리가 없다. 테이블은 물론이고 바까지 인산인해다. 무엇보다 내가 먹어본 스테이크 중 단연 최고라고 자신 있게 평할 만큼 고기가 발군이다. 예약하려면 두 달은 기다려야 한다니 한마디로 대박을 친 셈이다. 새로 연 레스토랑도 미슐랭 스타를 따고 뉴욕의 명소가 됐다. 그러고도 가만히 있는 걸 못 참아 마이애미에 두 번째 지점을 열었다. 이곳 역시 늘 만석으로 대박을 쳤다.

요즘도 둘이 앉아 밥을 먹으면 무엇이 내 마음에 들고, 들지 않는지 유심히 관찰하는 녀석을 보며 속으로는 대견하지만, 입으로는 잔소리만 퍼부어준다. 이러니 내가 나타나면 신경이 쓰이는 것도 당연하겠지 싶다. 그래도 사랑의 잔소리임을 아니 별 투정 없이 잘 듣는다.

가끔은 서울에서 막 잠이 들려고 하는 밤 12시에 전화를 해서는 "이번에 새 메뉴에 ○○를 넣으려고 하는데 어떻게 생각하세요?" 묻는다.

"야! 하지 마. 그거 애피타이저로 넣으면 배불러서 고기가 맛없게 느껴져! 너희 레스토랑은 고기가 중요하잖아."

그렇게 잔소리를 한참 하고 나면 잠이 홀랑 달아나서 새벽 3시까지 뜬눈으로 앉아 있곤 한다.

15년 전 파리에서 '즈 키친 갤러리 Ze Kitchen Galerie'라는 미슐랭 스타 레스토랑에 간 적이 있다. 식사를 하는 동안 음식이 나오는 작은 창구로 분주한 주방이 보였다. 그런데 얼핏얼핏 스쳐 지나가는 동양인 셰프의 앳된 얼굴이 눈에 띄었다.

식사를 마치고 일어서다 반대로 들어가 그 창구 안으로

머리를 들이밀었다. 서빙하던 직원도, 주방 안에서도 놀랐다. "어이, 여기 좀 봐요" 한국말로 부르니 역시 그녀는 한국인이었다. 놀란 얼굴로 다가온 셰프에게 명함을 주며 "음식 맛있었고, 셰프 중 한국인이 보여서 반가웠어요" 인사하고 떠났다.

현선이와는 그렇게 맺어진 인연으로 파리에 가면 같이 식사를 하며 소식을 주고받게 됐다. 현선이는 그 후에도 세계적인 미슐랭 스타 레스토랑에서 여러 해 일하고 요리학교 르 꼬르동 블루의 교수가 됐다. 결혼하더니 교수를 그만둬서 애 낳고 주부가 됐나 싶었는데 드디어 자신만의 레스토랑을 열었다.

과연 솜씨가 대단했다. 자신의 요리 정체성을 프렌치 코리안이라 표현하는데 딱 그 말대로다. 프레젠테이션과 첫맛은 프렌치인가 싶은데 들어갈수록 한국의 맛이 배어 나온다. 감태나 고추장, 어묵, 들깨 등의 재료가 이 요리가 한국의 음식임을 요란하지 않게, 그러나 분명하게 각인시킨다. 지나치게 튀는 맛 없이 잔잔하지만 디시마다 뚜렷한 개성이 있어 식사 내내 흥미롭고 만족감이 더해갔다. 마지막 화룡점정은 나물을 넣어 지은 밥에 칼칼한 된장국. 수정과 소르베로 입안을 씻고 배로 만든 아이스크림으로 마무리를 했다.

손님이 많아 예약을 하지 않으면 먹기 힘든 레스토랑이다. 그런데도 내 입에서는 칭찬보다 잔소리부터 튀어나온다. 레스토랑 반대편 문은 왜 뜬금없이 거기 있느냐부터 시작해서 병풍으로라도 가리지 그랬냐, 접시 받침은 왜 천이 자꾸 말려 올라가냐 이런저런 잔소리만 늘어놓았다.

그래도 잘 먹었다 잘 지내라 하고 돌아서 오는데 짠하다. 나이 사십이니 어리다고는 할 수 없지만, 처음 봤을 때나 지금이나 내게는 아이 같으니 고생하는 모습이 마음에 콕 박힌다. 아이 둘 키우랴 식당 운영하랴 안 봐도 그 고생이 훤하다. 이렇게 짠하고 애잔한 마음을 돌아보면, 잔소리도 사랑이 있으니 하는 것이라고 생각한다.

사람들은 흔히 아이나 후배를 향한 잔소리에 집중한다. 어떻게 키워야 하나 부단히 생각하고 그에 맞춰 잔소리를 한다. 그런데 종종 그 잔소리의 바탕은 사랑이어야 함을 잊는다. 사랑에서 나오는 잔소리와, 계획대로 바꾸려는 잔소리를 아이는 귀신같이 구분해 듣는 법이다. 아이들은 우리가 짐작하는 것보다 훨씬 똑똑하다. 누구 말이 옳은지, 그 말이 어떤 마음에서 비롯하는지 다 안다.

잘난 척 대처법

 셀프 브랜딩의 시대다. SNS로 자기표현을 하고 인스타그램에 세세하게 일상을 올려 보인다. 한편으로는 부러우면서도 '잘난 척'이라는 판단이 들면 거부감이 솟아오른다.
 그런데 곰곰 생각해보면 그 사람의 잘난 척이 나한테 준 피해는 아무것도 없다. 사실 잘난 척이 불편한 이유는 '그의 말처럼 그는 잘나지 않았다' 생각하는 나한테 있다.

 그러니까 내버려두는 것이 제일 좋다. 심지어 어떤 때는 맞장구도 쳐준다. 잘난 척하는 것은 자기를 인정해달라는 비명인데, 그걸 굳이 더 크게 악써서 잠재울 이유는 없다. 나한테 피해를 주는 것도 아닌데 비명을 들어주고 어루만져줄 필요가 있다고 생각했다.

 이렇게 되기까지 참 오래 걸렸다. 그럼 그동안은 어떻게 했느냐고? '나는 네 말 듣기 불편해'라고 온몸으로 표시하며 일부러 안 듣는 척을 했다. 아니면 딴 데를 쳐다보며 '어이, 이제 일어나지'라거나 '어이, 한잔 더 해' 등의 다른 제안으로 말을 가로막아버리곤 했다. 옆에서 바라보는 제삼자의 눈에는 잘난 척하는 사람이나 그걸 못 들어줘서 비비 꼬는 나나 매한가지였다.

그런데 도저히 묵과할 수 없을 정도로 왜곡된 사실을 떠들며 잘난 척을 하는 경우는 가만있기가 어렵다. 어느 결혼식에서였다. 하객이 많아 식이 시작되기 전에 로비가 만원이었다. 도착해서 혼주에게 인사를 하고 시간이 꽤 남았다. 구석에 서 있는데 어디선가 내 이름이 들렸다. 고개를 돌려보니 둥글게 선 한 무리 가운데서 열변을 토하는 사람 입에서 내 이름이 나오고 있었다. 아무래도 좋은 이야기는 아닌 것 같은 예감에 귀를 기울였다.

"아, 그 박용만이는 젊을 적부터 잘 알아요. 내가 키워준 거나 마찬가지예요. 무슨 일 생길 때마다 내게 연락하면 이리저리 하라 가르쳐주지요……."

나를 키우신 분이라는데 아무리 봐도 누군지 모르겠다. 게다가 나와 시선이 마주쳤는데도 아무렇지 않게 계속 이야기를 한다. 이 정도 되면 가만있을 수가 없다. 그래서 그리로 다가가서 명함을 내밀었다.

"인사드리겠습니다."

인사말과 함께 내민 명함을 읽기 전인데 주위의 사람들은 나를 알아보고 일제히 얼음이 됐다. 정작 그 본인은 떠드느라 내 명함을 내려다보고서야 어버버 말을 잇지 못하며 얼어붙는다.

일부러 한마디 한마디 힘주어 말했다.

"처. 음. 뵙겠습니다. 박. 용. 만. 입니다."

그다음이 가관이었다. 얼결에 그의 입에서 인사말이 튀어나왔다.

"아, 네, 처음 뵙겠습니다."

지금도 술자리에서 이 이야기를 하면 모두가 박장대소를 한다. 그분도 이 책을 읽으시려나.

행복의 연출가

"사회적으로 성공하신 분들이 조용한 시간이 필요하다는 얘기 많이 하잖아요."

"난 안 돼. 조용한 시간 괴로워. 좌우간 뭔가 해야 돼. 내가 가방을 꼭 가지고 다니는 이유가 있지. 여기 보면 별별 것이 다 있어."

"조용하지 않기 위해 일거리들을 일부러 챙겨 다니시네요, 하하."

"왜 이렇게 가지고 다니느냐면 잠시 시간이 날 때 할 수 있는 무엇인가가 필요해. 안 해도 그만이지만 아무것도 안 하는 게 싫으니까."

결과적으로 보면 그 덕분에 내 삶이 괜찮았다. 남들이 나한테 사진도 찍고 글도 쓰고 별짓을 다 한다, 재미있어 보인다, 어떻게 그렇게 사느냐고 묻는다. 이 질문에 딱히 답이랄 것도 요령이랄 것도 없는 이유는 좌우간 가만있지 않고 계속 뭔가 해야 되는 성격이기 때문이다.

새롭고 재미난 일을 찾기보다 무언가 꾸준히 하는 것이 성과를 이루는 길이라는 평가가 우리 사회에 지배적인 편이다. 나도 꾸준히 하는 사람과 그런 노력을 나쁘게 평가하지는 않는다. 심지어 부럽기도 한데 단지 나는 절대로 그렇게 하고 싶지 않을 뿐이다. 나는 싫다.

"회장님은 아주 특이한 점이 있어요. 삶에서 재미 요소가 대단히 중요해요. 일도 삶도 재미가 있어야 에너지를 얻는 분이에요."

내 심리 분석 진단 결과를 들으며 "아, 맞네, 그렇네" 무릎을 쳤다. 나라는 사람은 재미있는 것들로부터 에너지를 얻는다는데 돌아보니 사실이었다. 무슨 일을 하든 재미라는 요소가 있어야만 열정이 붙었다. 새로운 일은 미지에 대한 호기심에서 재미가 쏟아졌다. 새로울 일이 없으면 늘 하던 일이라도 안 해본 시도를 해서 재미를 찾았다. 반대로 아무리 중요한 일이라도 재미가 없으면 결국 망쳐버리곤 했다. 그래서 새로움을 찾기 어려운 안정된 운영에는 형편없었다.

좋은 점은 늘 재미를 찾아다니니 주변 사람이 나와 같이 있는 것을 좋아한다. 일상에서 제일 쉽게 찾는 재미가 농담이다. 농담을 아슬아슬한 지경까지 끌고 가기도 하고, 같이 있는 사람들이 내 농담에 웃으면 내가 제일 행복해한다.

심지어는 무의식 중에도 재미있어야 하는 버릇을 놓지 못한다. 담낭이 썩어서 잘라내는 수술을 한 적이 있다. 수술이 잘되어 회복 중이었다. 마취가 덜 풀린 탓에 비몽사몽 잠과 현실을 그네 타듯 오가고 있는데 침대에 문제가 생겼다. 아내와 간호사가 나를 깨워 옮기려 하자 갑자기 눈을 뜨더니 "내가 쓸개가 빠져서 가벼워요. 옮기든지 던지든지 하세요" 하고는 도로 자더란다.

사실 내 몸은 장애에 가까울 정도로 움직이고 사용하는 데 제약이 많다. 네 번의 척추 수술로 허리 근육을 제대로 쓰지 못한다. 무거운 것을 들거나 힘을 써야 하는 일은 불가능하다. 시력도 한쪽 눈이 거의 실명을 해서 거리감이 아주 취약하다. 방바닥에 앉지도 못하고 장시간 서 있기도 어렵다. 상복하는 약 때문에 코피만 나도 30분씩 멈추질 않으니 매사에 조심해야 한다. 그래도 늘 즐겁다. 제약이 있어도 재미를 찾을 수 있는 일은 너무나 많기 때문이다. 게다가 농담하고 웃는 데는 신체적 제약이 거의 문제가 되지 않는다.

그룹의 기획조정실장이 되어 밤낮 가리지 않고 회의와 일만 하다가 허리 디스크가 걷잡을 수 없이 악화됐다. 그런데도 스피드를 즐기는 운동이 너무 재미있어 포기를 못했다. 원래는 스키를 좋아하는데 설상가상으로 찬 공기에 노출되면 온몸에 발진이 돋는 알레르기가 생겼다. 그래도 굴하지 않고 수상스키로 바꿔서 미친 듯 탔다. 결국 허리가 회복이 어려울 정도로 망가졌다. 척추 수술을 하고도 생활 습관을 못 바꿔서 추간판이 세 번이나 다시 터졌다.

척추 수술 후 운동으로 고쳐보겠다고 이번에는 수영을 했다. 허리를 굽히지 못해서 수영복 갈아입는 것조차 쉽지 않았다. 그래도 제대로 재미있게 해보려 새벽에 코치에게 레슨을 매일 받으며 책도 사서 보고 비디오로 동작 분석까지 하느라 바빴다. 그 과정이 너무 재미있었기 때문에 내가 건강을 회복하려고 수영을 한다는 사실조차 뒷전으로 밀렸다. 급기야는 사람들 모아 대한해협 횡단에 도전하겠다고까지 하다가 어깨가 망가져서 수영도 졸업하게 됐다.

시간이 남아돌아 재미를 찾아다닌 것이 아니다. 1년에 비행기 기내에 앉아 있는 시간이 평균 500시간일 정도로 출장과 일이 이어졌지만 새벽이나 주말의 자투리 시간을 찾아 재밋거리를 빼곡히 채워 넣었다. 결국 내 몸은 더 망가졌고 더 이상 안 된다는 의사의 통보를 받고서야 술을 끊고 활동량도 반 이하로 줄였다.

이 정도로 재미를 찾는 괴벽은 정신과 의사가 진단한 특이함 정도로 설명이 어렵다. 조금은 병 아닐까 싶기도 하지만 그 폐해가 내 몸에만 가해졌으니 다행이다.

"오늘 점심이 참 행복합니다."
"역시 대장님 만나니까 즐거운 자리가 됐어요."
한동안 삶이 재미없다느니 우울하다느니 하며 입꼬리가 쳐진 채 다니던 친구가 말했다. 별 경치는 없어도 환한 창이 있는 공간에 테이블이 아늑했다. 점심이지만 향 좋은 화이트와인 한잔을 곁들여 즐겁게 식사를 했다. 마침 우리 일행 밖에 없었고 블루투스 스피커가 있길래 내 스마트폰을 연결해 음악을 틀었다. 미소 띤 얼굴로 나를 바라보는 후배에게 뭐라도 한마디 해줘야겠어서 이야기를 시작했다.

식사 자리에 모여 앉았을 때 내가 연극 감독이라고 생각한다. 음식이며 눈에 띄는 것들은 소품이고 레스토랑은 무대, 그리고 일행은 배우라고 상상한다. 얼마나 즐거운 자리가 되는가는 감독인 내가 하기 나름이다. 내가 희극을 연출할 수도 있고, 철학이 충만한 자리를 만들 수도 있다. 나만이 아니라 모인 모두가 각자 즐겁게 연출하려고 애를 쓰면 웃음 가득한 자리가 되는 법이다.

젊어서부터 웃음의 장면을 연출하려 노력하면 주변에 행복을 추구하는 사람들이 모이기 마련이다. 그렇게 살아가다 보면 주위가 따뜻한 사람으로 채워진다. 그렇게 믿고 살아왔고 그래서인지 내 주변엔 웃기 좋아하고 마음이 따뜻한 사람이 많은 편이다. 그렇게 사귄 친구들 덕에 내가 그 볕을 받고 따스하게 살 수 있다고 생각한다.

근육도 자주 쓰고 단련하는 근육이 더 발달하지 않는가? 웃는 표정도 찡그리는 표정도 얼굴의 근육들이 만들어내는 것이다. 늘 웃는 사람은 나이 들어 근육이 약해져도 웃는 표정 만드는 근육이 발달해 있을 것이고, 반대로 웃지 않아 버릇하면 근육도 퇴화해서 갈수록 웃기 힘들어지는 것은 당연하다.

내 주변에도 그런 어른들이 있다. 아무리 소리 내어 웃어도 웃는 표정이 지어지지 않는 분들을 본다. 반대로 조금만 표정을 지어도 금세 환하게 웃는 얼굴로 변하는 분들이 있다. 곱게 나이 드셨다거나 참 좋은 인상의 어른이라는 이야기를 듣는 분은 예외 없이 얼굴에 웃음이 가득하다. 그러니 젊을 때 선택해야 한다. 나는 어떤 모습, 어떤 사람으로 나이 들어갈 것인가?

행복을 위해서는 무엇을 이루는가보다 어떻게 살아갈 것인지가 중요한 것이 아닐까. 그날을 위해 오늘도 웃음 띤 시간을 연출하려 노력한다.

쪽창으로 보이는 세상

스페인에 갔을 때다. 일과를 끝낸 후 고단한 몸을 이끌고 호텔방에 돌아오니 제일 먼저 석양빛이 들어오는 쪽창이 눈에 띄었다. 손으로 고르며 일군 것이 틀림없어 보이는 텃밭에 잘 익은 붉은 토마토가 지천으로 열려 있었다. 불현듯 나도 매일 이런 풍경을 내다보며 하루를 마무리하고 싶다는 생각이 들었다.

내 손으로 가꾸어 한편으론 애잔하고 한편으론 뿌듯한 밭이 있고, 근처 숲 위로 해 지는 풍경이 보이는 쪽창이 있는 집에 살아보고 싶다는 바람이 들었다. 그렇게 쪽창으로 보이는 세상이 전부인 듯 소소하고 간단한 삶을 살고 싶었다.

우리는 너무 많은 것을 담은 창을 보며 살아가고 있는지도 모른다. 누구나 얻는 데는 지대한 관심과 노력을 기울이면서 버리는 데는 참 미숙하다. 여분의 욕심뿐 아니라 필요

이상의 증오까지 한 아름을 안고 살아간다. 우리의 창에는 이런 것들이 시야를 꽉꽉 채우고 있다.

게다가 성공과 발전이라는 명제는 우리가 해야 할 일과 하지 않아도 될 일의 경계를 무너뜨린다. 지나치게 나를 혹사하고, 참고 견디며 살아가게 된다. 그러다 보면 자기만을 보며 이기적으로 살아가는 데 익숙해지기 마련이다. 생존이 강요하는 이기심이라지만 슬픈 귀결이다.

남 보살피며 사는 것이 바보 같고 손해 보는 것처럼 느껴지기도 한다. 누구나 살아남으려면 그럴 수 있다고 이해해 준다. 하지만 결국은 친절하고 배려하는 사람이 더 좋은 기억을 남기고 신뢰받는다. 내 경험에서만 보아도 친절과 배려를 모르는 사람은 결정적일 때 믿을 수 없다. 자기만 아는 삶은 아무도 나를 돕지 않는 절벽으로 인도하기 십상이다.

내 마음의 창으로 많은 것이 보이더라도, 욕심이 지나친 풍경은 지워나가야 한다. 소박한 텃밭에서 갓 따온 토마토를 이웃과 나누듯이 친절하고 배려하는 삶이 아름답다.

웬만하면 웃는 삶이 좋다

'걷는 것이 건강에 최고다!' 하며 걸어서 출근을 했다. 집에서 내려가는 골목길에 아주 가파른 급경사가 한 군데 있다. 아무 생각 없이 터덜터덜 내려가는데 비가 오는 탓에 한쪽 발이 약간 미끄러졌다. 한 20센티쯤 밀렸을까 싶은데 워낙 경사가 급한 탓에 몸의 균형이 예상 외로 무너졌다.

왼발이 앞으로 미끄러지며 몸이 오른쪽 앞으로 비스듬히 기울어졌다. 예전 같으면 허벅지 근육이 버텨줬을 텐데 그 찰나에 다리가 버틸 힘이 모자란다는 느낌이 그대로 전해져 왔다.

이럴 때 다치지 않기 위해서는 회전낙법으로 구르는 수밖에 없다. 머리와 어깨를 안으로 말아 넣으며 어릴 때 훈련한 대로 45도 각도로 몸을 굴렸다. 짧은 순간 내가 생각해도 '어, 대견하게 몸이 아직 기억하네' 싶을 정도로 부드럽게 굴러 부상을 면했다.

골목길에 큰대자로 이슬비 맞으며 누우니 등허리가 시원한데 그대로 웃음이 터졌다. 하늘 보며 낄낄거리고 혼자 박장대소를 하는데 머리 위에 그림자가 진다. 지나가던 아저씨가 굴러 넘어진 나를 내려다보고 이상한 표정을 짓다가 따라 웃기 시작한다. "푸하하하하…… 안 다쳤…… 하하하…… 어요? 하하하." 나도 웃으며 답을 했다. "하하하, 시원하고 좋네요, 하하."

일어나보니 아무데도 다친 곳은 없다. 만일 그 상황에서 미끄러운 길바닥에 쌍욕을 퍼붓고 늙은 몸뚱이를 한탄했으면 어땠을까? 내게 도움이 될 리는 없었을 것이 분명하고 출근길 내내 찝찝했을 것이다. 누굴 원망하겠나, 내가 엎어진 걸. 아마 내려다보는 하느님도 "저놈 아침부터 한바탕 난리네, 하하하하" 하며 너털웃음을 터뜨리셨을 법하다. 넘어지긴 했지만 다치지도 않고 유쾌한 아침이 됐다. 웬만하면 삶을 코미디라 생각하고 웃는 편이 하느님 보시기에도 좋으리라 생각한다.

마당 구석 나무에 그네를 달았었다. 손녀를 태우고 밀어주며 즐거웠었다. 그런데 아이가 이제 자라서 그네에 올라가지 않는다.

초저녁 가을바람이 시원해서 마당에 앉아 있다가 문득 그네가 궁금했다. 올라설 용기는 없고 엉덩이를 걸쳐보았다.

무게를 받은 그네가 우지직하더니 그대로 끊어지며 참으로 보아주기 힘든 모습으로 마당에 굴렀다. 다행히 다치진 않았지만 아내가 비웃음과 함께 비난을 해댄다.

"그러게 거긴 뭐 하러 올라가."
"애가 올라갔을 때 끊어지지 않은 게 다행이잖앗."
나름 합리화를 하며 일어서는데 왼쪽 엉덩이가 약간 뻐근하다.
"에잇, 이거 치워야겠네."
"그냥 두고 젊은 사람보고 내리라고 해!"
아내는 영 비협조적이다.

밧줄이 연결된 카라비너를 풀고 나니 나무에 감은 부직포 줄이 남았다.
"아, 냅두라니까!"
아내 말은 귓전으로 흘리며 줄을 잡아당겼다. 줄이 나뭇가지를 돌아 올라가는 것까지는 보았는데 그다음 순간 눈에 불이 번쩍 튄다. 줄 끝에 매달린 금속 카라비너가 원심력을 얻어 맹렬한 속도로 회전해서 내 이마를 강타했다.

"그러게 냅두라니까!"
연이어 야단을 맞는데 금속이 마빡을 강타한 나는 정신

이 없다. 누구한테 화풀이를 할 수도 없다. 안 그래도 아침에 넘어졌다는 소식 듣고 걸려온 안부 전화를 종일 받았는데 내일은 또 어찌 되려나.

거울을 보니 이마에 카라비너 모양 그대로 멍이 들기 시작했다. 거울 앞에 서 있다가 웃음이 났다. 아내에게 핀잔먹어가며 일 벌이고 급기야 쇳조각에 얻어맞고 이마가 퍼렇게 멍들어 서 있는 내 꼬락서니가 한 토막의 개그였다. 미친 듯이 소리 내어 웃고 나니 아픈 것도 많이 가셨다.

역시 웬만하면 삶을 코미디라 생각하고 웃는 편이 누구에게나 좋다.

기억이 사라지는 것도 신의 뜻

"아, 안경 어디 갔지?"

며칠 전 집에서 칼질을 할 일이 있었다. 손가락 썰지 않으려고 안경을 챙겼는데 거실에서 부엌으로 이동하는 사이에 실종됐다. 아니 그 거리가 얼마나 된다고 불과 3~4미터 걸어오면서 없어졌다. 강아지처럼 엎드려 엉덩이를 하늘로 쳐들고 머리통을 바닥에 붙이는 자세로 소파 근처며 아무리 들여다봐도 없다. 우선 손에서 이탈했는지 자체가 불명확하다. 혹시나 손에 들고 찾나 양손을 다시 보고 또 봐도 없다. 잠옷이라 주머니도 없고, 선글라스 쓰듯 머리통에 올렸나 더듬어도 없다. 귀신이 곡을 하는 게 아니라 댄스 배틀 하다 뒤집어질 일이다. 한참을 찾아 헤매다가 결국 포기하고 다른 안경을 쓴 채 요리를 했다.

며칠 후 아침에 냉장고 야채 서랍을 열었더니 안경이 얌전히 채소들 사이에 줄 맞춰 누워 있다. 반 통 남은 배추와 오이 두 개 사이에 조신하게 자리를 잡았다. 가능성은 셋 중 하나다. 첫째, 치매의 시작이거나 둘째, 원래 바보였거나 셋째, 인공지능과 이동 능력을 갖춘 안경이거나. 셋째는 전혀 가능성이 없으니 둘 중 하나일 수밖에 없다. 어느 쪽이어도 슬픈 귀결이다.

며칠 전 주말 점심에 가볍게 샌드위치나 해 먹기로 했다. 햄을 지지고 치즈를 녹여 샌드위치를 만들어 먹은 것까지는 좋았다. 햇볕은 가득하고 약속도 없는 주말 아침, 운동 가볍게 하고 음악 들으며 만든 샌드위치가 햇살 아래 정원처럼 가볍고 따뜻하게 입에서 녹았다.

오랜만에 내가 만든 음식에 감탄을 거듭하며 먹다 보니 양이 좀 모자란다. 기분 좋게 먹은 음식은 살도 찌지 않는다고들 하니 하나 더 만들기로 했다. 그런데 이번에는 햄이 없어졌다. 냉장고 다 뒤지고 심지어 버렸나 싶어 쓰레기 봉지까지 뒤집어 쏟아 찾아도 없다. 30분 넘게 찾다가 포기하고 나니 식욕도 사라졌다. 먹은 접시 설거지하는데 글쎄…… 식기세척기에 얌전히 세로로 꽂아놓은 햄을 발견했다. 이날도 같은 논리로 세 가지 가능성을 꼽다가 치매 초기이거나 원래 바보였거나 둘 중 하나라고 결론을 내렸다. 분노와 허탈 속에 주말이 저물어간다.

노화는 자연스러운 현상이고 신이 정해놓은 순서이다. 기억이 사라지는 것 역시 마찬가지다. 젊을 때를 떠올리면 기억 못하는 스스로가 한심하고 짜증이 나기도 한다. 하지만 한편으로는 좋은 점도 있다.

기억이 분명치 않으니 내가 맞다고 강변하는 데 자신이 없어진다. 남의 말을 경청하게 되고 말을 뱉는 데 신중해진다. 특히 집에서 아내에게 내가 맞다고 우기지 않는다. 잘못하면 제시된 증거 앞에서 더 혼난다. 기억이 사라지니 옛일로 인한 속앓이도 줄어든다. 저절로 용서하게 되고, 저절로 사람이 그리워진다.

신변의 물건을 챙길 자신이 없어지니 신중하고 준비성이 발달한다. 항상 분실할 때를 대비하니 소지품이 늘어나는 부작용이 있긴 하다. 어디 여행이라도 가면 패션에 썩 도움이 안 되는 가방을 꼭 들고 나서는 아저씨들의 모습을 비웃지 말아야 한다. 패션이 아니라 생존이기 때문이다.

이렇게 장점 단점을 생각해보면 이 역시 하느님이 고도로 잘 설계해서 만들어주셨음이 분명하다. 공장에 가서 튜닝을 하지 않아도 저절로 시간에 따라 나이에 맞게 작동하는 적응형 모델로 설계를 하신 것이다. 참 하느님은 머리가 좋은 분이다.

에필로그

아무것도 부러워하지 마라

나도 그랬던 적이 있다. 내 첫 번째 책을 읽어본 사람들은 누구나 아는 이야기이니 뭐 가릴 것도 부끄러울 것도 없다. 평범한 아버지와 어머니가 있는 집에서 평범한 아들로 태어났으면 참 좋았겠다는 바람을 품었었다.

그런데 내 삶이 순탄하고 늘 평화롭기만 했으면 무슨 이야기가 남았을까 싶다. 행운과 불운이 뒤죽박죽 섞어찌개를 만들고 그 속에서 어지간히 싸우고 버티며 살았다. 그렇게 이야깃거리가 다양하고 다이내믹한 삶이 힘들기도 했지만 그렇게 살 수 있어서 힘들면서 신났고, 슬프면서 행복했다.

한동안 아무 마음고생할 거리가 없는 친구들을 보면 참 좋은 재료로 잘 태어났다는 생각이 들었다. 나는 겉보기만 괜찮고 속으로는 나쁜 재료로 낳아주셨다는 생각도 들곤 했다.

그런데 오랜 세월이 지나 이제 은퇴한 나이를 맞이하자 부럽던 친구들도 다 마찬가지가 됐다. 어릴 적 삶의 환경은 오늘에 아무런 직접적인 연관관계가 없어졌다. 유복하게 자라 그대로 성공까지 간 친구도 있고, 가진 것을 대부분 잃은 친구도 있다. 혼자 힘으로 일어서 성공한 친구도 있고, 평생 신세 탓만 하며 게으르게 산 친구도 있다.

그런 친구들을 보며 재료만으로 성공하는 사람은 없음을 알게 되었고 내가 하던 재료 한탄이 참으로 덧없음을 깨달았다.

그래서 얻은 삶의 지혜는 '아무것도 부러워하지 마라'다.

누구나 내가 갖지 못한 것을 지닌 남을 부러워한다. 그것이 부와 재물일 수도 있고, 가정환경일 수도 있고, 재능과 역량일 수도 있다. 심지어 생긴 모습, 체력에 이르기까지 끝이 없다.

사람들은 내 아버지가 가진 재력을 보고 나를 부러워했다. 그것은 그저 사람들 눈에 보이는 껍질뿐이었고 실상의 나는 그렇게 부러워할 형편도 아니었다. 실제의 나는 가진 것이 별로 없었으니까. 그리고 나는 복잡한 내 가정환경에 한탄하며 친구들을 부러워했다.

누구나 같은 재료의 흔한 모습으로 태어난다. 그러니 부러워할 필요가 없다. 신이 주신 생명을 아끼고 광내어 감사하게 보듬고 살아가는 것. 이제 나는 안다. 이것이 바른 길이라는 걸.